> この1冊にぎゅっと濃縮！

エスプレッソ
初級中国語

『国際中国語教育中国語レベル等級基準』一級基準 準拠

安明姫・田芳 著

東方書店

音声ダウンロード方式

音声について

音声（MP3 形式）を東方書店ホームページからダウンロードできます。

① https://www.toho-shoten.co.jp/jbook/download.html にアクセス

　（トップページから「音声ダウンロード」をクリックしてもアクセスできます）

② 『エスプレッソ初級中国語』の GO DOWNLOAD をクリック

③ 外部サイト（https://ebook-viewer.jp/）へ移動しますので、

　　ダウンロードキー　6089863361　を入力して OK をクリックしてください

④「クリックでダウンロード開始」をクリックすると、

　　音声データ（MP3 形式）を ZIP 形式でダウンロードします

　　解凍して音楽再生ソフトなどに 取り込んでご利用ください

＊ ZIP 形式につき、スマートフォンやタブレット端末でダウンロードするには、

　　解凍ソフトが必要です。

前 書 き

　本書の最大の特徴は『国際中国語教育中国語レベル等級基準』（国際中文教育中文水平等級標准）＊の一級基準に準拠し、学習者に聞く、話す、読む、書くという言語の4機能の訓練を提供していることです。ピンインの正確な読み取り・書き取り能力を身につけること、一級基準の文法および漢字、語彙を理解した上で、表現・交流にアウトプットできることを目標としています。各課文（発音編の第一〜四課を除く）は、文章と会話の二形式があり、学習者の閲読能力と表現能力を同時に向上させ、「読めるけれども話せない」あるいは、口頭での表現力は高いが文法の理解が不十分といった状況に陥らないよう工夫しています。

　本書の第二の特徴は、「キーワード」のページを設けていることです。課ごとに常用語句を1つ取り上げ、10の例文を提示しています。さまざまなバリエーションにふれることで、学習者が常用語句になじみ、自ら表現できるようになることをねらいとしています。

　孔子曰く、「故きを温ね、新しきを知る」。本書の第三の特徴は、練習問題が豊富なことです。宿題として、あるいは授業中に適宜活用して、復習と定着をはかることができます。ピンインの完全な習得のために、タイピング練習と発音練習も取り入れました。

　近年ますます人気の高まっているHSKの補助教材としても使用できます。

　このように、中国語のエッセンスをぎゅっと濃縮した入門テキストとなっていることから書名を『エスプレッソ初級中国語』としました。

　本書が案内役となって学習者に中国語の世界を楽しんでもらえるよう祈っております。

安明姫　田芳

＊『国際中国語教育中国語レベル等級基準』（国際中文教育中文水平等級標准）
中国政府が設定する、外国人に対する中国語教育のガイドライン。語彙、文法などが「三等九級」のレベル別に示されており、今後中国政府は、このガイドラインに従って世界中で中国語教育を行うようになる。HSK改訂の基準となるもの。

目次

❖中国について　6
❖中国語（汉语 Hànyǔ）について　7
❖ピンイン（拼音 pīnyīn）と簡体字について　7

第一课　単韵母 8
声調　単母音　ドリル

第二课　声母 10
子音　無気音と有気音　3種の i　ドリル

第三课　复韵母 12
複合母音　声調符号の位置　声調変化　ドリル

第四课　鼻韵母 14
鼻母音　-r 化　隔音符号［'］　ドリル

簡単な挨拶言葉 17

中国語基本音節表 18

第五课　家人 20
キーワード　"喜欢"（…が好き、…するのが好きである）
ポイント　1 人称代名詞　2 動詞述語文　3 "吗" 疑問文　4 "的" の用法（1）　5 家族の言い方
ドリル　発音練習　コラム

第六课　买东西 27
キーワード　"想"（…したい）
ポイント　1 量詞　2 "有" 存在や所有を表す「ある、いる、持っている」　3 介詞 "和" 名詞・名詞句・代詞の並列を示す「…と」　4 指示代詞　5 形容詞述語文　6 "吧" 推量、提案・要求を表す「でしょう、ましょう、してください」　7 動詞＋"一下（儿）"「ちょっと…する」
ドリル　発音練習　コラム

第七课　星期天 34
キーワード　"早一点儿"（少し早く）
ポイント　1 名詞述語文　2 副詞　3 動詞 "在"　所在を表す「いる、ある」
4 年月日などの言い方
ドリル　発音練習　コラム

第八课　钱包在哪儿? ··· 41

キーワード　"太…了"(あまりにも…である)

ポイント　1 疑問詞疑問文　2 動詞の重ね型　3 方位詞　4 動作の完了を表す"了"「…した」
5 副詞"再"「再び、また」

ドリル　発音練習　コラム

第九课　生病 ·· 48

キーワード　"最好"(…したほうがいい)

ポイント　1 変化を表す"了"「～になった」　2 連動文　3 時間量の言い方　4 反復疑問文
5 介詞"在"　6 "一边…一边"「…しながら…する」

ドリル　発音練習　コラム

第十课　你在干什么呢? ·· 55

キーワード　"还是"(選択疑問文:…、それとも…?)

ポイント　1 動作の進行を表す"在…呢"、"正在…呢"　2 "的"の用法(2)　3 助動詞"能"「できる」

ドリル　発音練習　コラム

第十一课　怎么去 ·· 61

キーワード　"还是"(やはり、やっぱり)

ポイント　1 介詞"从"起点を表す「…から」　2 助動詞"会"「できる」　3 "…的时候"「…(の)
時」　4 二重目的語をとる動詞

ドリル　発音練習　コラム

第十二课　下雨了 ·· 67

キーワード　"有时"(時には、ある時は)

ポイント　1 非主述文(主語がない文)　2 "先…再"「まず…それから…」　3 比較の"比"「…より」

ドリル　発音練習　コラム

単語一覧 ··· 73

品詞一覧

名 名詞	代 代詞	動 動詞	形 形容詞	助 助詞	助動 助動詞
量 量詞	副 副詞	接 接続詞	介 介詞	数 数詞	

◇ 中国について

正式名称：中華人民共和国

首都：北京

面積：約 960 万㎢（日本の約 26 倍）

人口：約 14 億人（日本の約 11 倍。世界第 2 位である）

民族：93％を占める漢民族と 55 の少数民族

建国年月日：1949 年 10 月 1 日

通貨：1 元＝ 21 円（2024 年）

✥ 中国語（汉语 Hànyǔ）について

　　中国語は多民族国家の中国で、93％を占める漢民族の言語である。

　　中国の共通語は "普通话 pǔtōnghuà" と呼ばれ、北方方言（使用率 70％）を基礎とし、北京語音を標準音としている。

✥ ピンイン（拼音 pīnyīn）と簡体字について

　　ピンインとは漢字の音声を表記する中国式ローマ字である。

　　中国では、字形が大幅に簡略化された漢字である簡体字を使用している。

簡体字と日本の漢字

乡（郷）	开（開）	电（電）	云（雲）
笔（筆）	伞（傘）	妇（婦）	韩（韓）
馆（館）	说（説）	红（紅）	钱（銭）

字形が同じで意味の異なる語

床（ベッド）	工作（仕事）	高校（大学）
爱人（配偶者）	手纸（ちり紙）	经理（マネージャー）
汽车（自動車）	颜色（色）	走（歩く、行く）
输入（入力する）	火车（汽車）	丈夫（夫）
新闻（ニュース）	外人（赤の他人）	大家（みんな）
工夫（時間、暇）	水平（レベル）	单位（勤務先）
老婆（妻）	结束（終わる）	阶段（段階）

第一课 (dì yī kè)

单韵母 (dān yùnmǔ)

🐼 声調　track 1

　中国語の発音には、音の上がり下がりの調子があり、これを「声調」と言う。1音節が一定の声調で発音され、4つの「声調」があることから「四声」とも呼ぶ。声調によって、意味が異なる。

第1声　高く平らに発音する。　**mā**　**妈**（母）

第2声　急激に上げる。　**má**　**麻**（麻）

第3声　低く抑える。　**mǎ**　**马**（馬）

第4声　一気に下げる。　**mà**　**骂**（罵る）

「四声」以外に、前の声調に軽く添えて発音する「軽声」がある。

māma 妈妈（お母さん）　　**yéye 爷爷**（おじいさん）

jiějie 姐姐（お姉さん）　　**bàba 爸爸**（おとうさん）

🐼 単母音　track 2

a　日本語の「ア」よりも口を縦に開けて発音する。

o　日本語の「オ」より唇を丸くして発音する。

e　上下の歯のあいだは小指が挟まる程度、口は日本語の「エ」よりやや横に開いて「オ」と発音する。

i(yi)　日本語の「イ」より口をやや左右に引いて、明るく鋭く「イ」と発音する。

第一課　単韵母

u(wu) 日本語の「ウ」より唇を丸く前に突き出して、喉の奥から発音する。

ü(yu) 日本語の「ウ」の唇の形で「イ」を発音する。

er 単母音 e を発音しながら舌先を上に巻き上げる。

▶基本、発音練習は第1声で行う。
▶( ) 内は、前に子音がつかないときの綴り方である。

🐼 ドリル

一、発音してください。 track 3

1. ā á ǎ à
2. ō ó ǒ ò
3. ē é ě è
4. yī yí yǐ yì
5. wū wú wǔ wù
6. yū yú yǔ yù
7. ēr ér ěr èr

二、音声を聞いて、読まれたものを選んでください。 track 4

1. ā á ǎ à
2. ō ó ǒ ò
3. ē é ě è
4. yī yí yǐ yì
5. wū wú wǔ wù
6. yū yú yǔ yù
7. ēr ér ěr èr

第二课 （dì èr kè） 声母 （shēngmǔ）

🐼 子音　track 5

声母とは子音のことである。全部で 21 個の子音がある。

b　p　m　f　d　t　n　l　g　k　h

j　q　x　zh　ch　sh　r　z　c　s

↓（ ）内の母音をつけて 21 個の子音を発音する。

	無気音	有気音		
唇音	b(o)	p(o)	m(o)	f(o)

　→上と下の唇を軽く結んでから開く。ｆの場合は上の歯を下の唇に軽く
　　乗せて発音する。

舌尖音　　d(e)　　t(e)　　n(e)　　l(e)

　→上の歯茎と舌先で発音する。

舌根音　　g(e)　　k(e)　　h(e)

　→喉の奥と舌の根元を使って発音する。

舌面音　　j(i)　　q(i)　　x(i)

　→舌の真ん中の表面で発音する。

そり舌音　zh(i)　　ch(i)　　sh(i)　　r(i)

　→舌先をそり上げて発音する。

舌歯音　　z(i)　　c(i)　　s(i)

　→口を横に引き、舌先と歯を摩擦して発音する。

▶子音 j・q・x が ü を含む母音につく場合は、ü の「¨」をとる。

🐼 無気音と有気音　track 6

b―p　　d―t　　g―k　　j―q　　zh―ch　　z―c

無気音：息を抑えてそっと出す。

有気音：息を強く一気に出す。

中国語は無気音と有気音を明確に区別する。

bí 鼻―pí 皮　　　dù 肚―兔 tù　　　gǔ 谷―kǔ 苦

jī 鸡―qī 七　　　zhī 知―chī 吃　　　zì 字―cì 刺

第二课　声母

🐼 3種の i

①「j」「q」「x」の後に続く「i」は、本来の明るく鋭い「i」である。

②「zh」「ch」「sh」「r」の後に続く「i」は、そり舌音を出すときの舌の形で自然に出てくるこもったあいまいな「i」である。

③「z」「c」「s」の後に続く「i」は、口を引いたあいまいな「i」である。

🐼 ドリル

一、順番どおりに子音を埋めてください。

b　（　）　m　（　）（　）　t　（　）　l

（　）　k　（　）（　）（　）　x

zh　（　）（　）　r　（　）　c　（　）

二、六つの無気音を書いてください。

1＿＿＿＿　2＿＿＿＿　3＿＿＿＿　4＿＿＿＿　5＿＿＿＿　6＿＿＿＿

三、六つの有気音を書いてください。

1＿＿＿＿　2＿＿＿＿　3＿＿＿＿　4＿＿＿＿　5＿＿＿＿　6＿＿＿＿

四、発音してください。 `track 7`

① lù 路　lǜ 绿　　② kè 课　gè 各　　③ nǎ 哪　nà 那

④ rì 日　lǐ 里　　⑤ hú 湖　fú 福　　⑥ shì 是　shù 树

⑦ xī 西　shī 师　　⑧ qī 七　chī 吃　　⑨ nǎli 哪里　nàli 那里

第三课 dì sān kè / 复韵母 fù yùnmǔ

🐼 複合母音 track 8

ai	ei	ao	ou	
ia	ie	ua	uo	üe
(ya)	(ye)	(wa)	(wo)	(yue)
iao	iou	uai	uei	
(yao)	(you)	(wai)	(wei)	

▶( )内は、前に子音がつかないときの綴り方である。
▶複合母音 iou、uei は前に子音がつく場合、ピンインは -iu、-ui と綴る。

🐼 声調符号の位置

・母音の上。
・a があれば a の上。　　　　　　　　例：nián 年　　jiā 家
・a がなければ o か e の上。　　　　　例：mén 门　　dōu 都
・i と u が並ぶときは後のほう。　　　例：duì 对　　niú 牛
・i の上につける場合は「・」をとる。　例：yī 一　　qī 七

🐼 声調変化

● 第3声＋第3声→第2声＋第3声　track 9

　第3声が連続する場合、前の第3声を第2声に変えて発音する。表記は、第3声＋第3声のままである。

nǐ hǎo 你好（こんにちは）　　　　wǎngyǒu 网友（インターネット上の友達）

● "一 yī" の変調　track 10

　"一" はもともと第1声であるが、後に第1声・第2声・第3声が来る場合は第4声に変調し、第4声が来る場合は第2声に変わる。表記も変調した後の声調となる。

第三课　复韵母

一些 yìxiē　　　一年 yì nián　　　一起 yìqǐ
一半 yíbàn　　　一样 yíyàng

ただし、"一"が順序を表す場合は、第1声のままで変調しない。

第一课 dì yī kè　　　三十一 sānshiyī

● "不 bù" の変調　track 11

"不"は本来第4声であるが、後に第4声が来るときは、第2声に変調する。
表記も変調した後の第2声とする。

bù qù → bú qù 不去 (行かない)　　bù xiào → bú xiào 不笑 (笑わない)

🐼 ドリル

一、a o e i u ü を組み合わせる複合母音を全部書いてください。

_____

_____

二、変調に注意して発音してください。　track 12

shǒubiǎo　　　kěyǐ　　　nǐ hǎo　　　xiǎojiě
手表　　　　　可以　　　你好　　　小姐

三、次の単語を読んでください。　track 13

ài	àihào	bǎi	bāo	běi	cuò	duì	gěi
爱	爱好	百	包	北	错	对	给

guó	guójiā	guówài	guò	hái yǒu	huà	huài
国	国家	国外	过	还有	话	坏

13

dì sì kè
第四课

鼻韵母
bíyùnmǔ

🐼 鼻母音 `track 14`

　鼻母音とは、「n」か「ng」の鼻音で終わる母音であり、中国語では明確に区別される。

　日本語では -n と -ng はともに「ん」と認識して区別していないが、日本語の「案内」の「ん」の音は中国語の -n（前鼻音）、「案外」の「ん」の音は中国語の -ng（後鼻音）に相当する。

-n：「あんない」の「ん」のように舌先を上の前歯の裏あたりにつく。

-ng：「あんがい」の「ん」のように舌先はどこにもつけない。

an	en	ang	eng	ong
ian	in	iang	ing	iong
(yan)	(yin)	(yang)	(ying)	(yong)
uan	uen	uang	ueng	
(wan)	(wen)	(wang)	(weng)	
üan	ün			
(yuan)	(yun)			

▶ ( ) 内は、前に子音がつかないときの綴り方である。

▶鼻母音 uen は前に子音がつく場合、-un と綴る。

▶中国語で -n で終わる場合、一般的に日本語の音読みでは「ん」で終わる。
　中国語で -ng で終わる場合、一般的に日本語の音読みでは「い」か「う」で終わる。

🐼 -r 化 `track 15`

　「-r 化（アール化）」とは、ピンインの最後に「r」を伴うもので、発音する際、舌をそり上げて発音するものである。漢字では音節の末尾に接尾辞 "儿" をつける。

面条 miàntiáo → 面条儿 miàntiáor　　花 huā → 花儿 huār

第四課　鼻韵母

女孩 nǚhái → 女孩儿 nǚháir　　　小孩 xiǎohái → 小孩儿 xiǎoháir
　　　　　　　　　　　　　　　　　　→「i」は脱落し、発音されない。

好玩 hǎowán → 好玩儿 hǎowánr　 →「n」は脱落し、発音されない。

🐼 隔音符号 [']

　ａｏｅの母音で始まる音節が前の音節に続く際、音節の切れ目を明確にするため、隔音符号をａｏｅの前につける。

女儿 nǚ'ér　　西安 Xī'ān　　晚安 wǎn'ān

🐼 ドリル

一、読まれたほうに○をつけてください。 track 16

1. rènshi　　rènzhēn
　 认识　　　认真

2. shāngchǎng　　shàng chē
　 商场　　　　　上车

3. shàng cì　　shàngwǔ
　 上次　　　　上午

4. shēnshang　　shēntǐ
　 身上　　　　身体

5. tīngdào　　tīngjiàn
　 听到　　　听见

6. qǐng wèn　　qǐng zuò
　 请问　　　请坐

二、鼻音に注意して発音してください。 track 17

tīngxiě　　tiān　　wàng　　wàngjì　　qián
听写　　　天　　　忘　　　忘记　　　前

qián　　shàngxué　　qiánbian　　qiántiān　　qǐng jìn
钱　　　上学　　　　前边　　　　前天　　　　请进

sān　　shàng　　xiàbān　　xīnnián
三　　　上　　　下班　　　新年

三、中国語の数字を発音して覚えましょう。 track 18

líng	yī	èr	sān	sì	wǔ	liù	qī	bā	jiǔ	shí
零	一	二	三	四	五	六	七	八	九	十

shíyī	shí'èr	shíjiǔ	èrshí	èrshiyī	èrshijiǔ
十一	十二	十九	二十	二十一	二十九

sānshí	jiǔshí	jiǔshijiǔ
三十	九十	九十九

yìbǎi líng yī	yìbǎi yī(shí)	èrbǎi (liǎngbǎi)
一百零一	一百一（十）	二百（两百）

sānbǎi líng liù	sānbǎi liù(shí)	liǎngqiān	liǎngwàn
三百零六	三百六（十）	两千	两万

お金の言い方 track 19

書き言葉：元 yuán　　角 jiǎo　　分 fēn

話し言葉：块 kuài　　毛 máo　　分 fēn

一元＝十角　一角＝十分

六块三（毛）（6.30 元）　　十八块八毛五（分）（18.85 元）

一百零五块（105 元）　　一百五十（块）（150 元）

簡単な挨拶言葉 track 20

Nǐ hǎo!
你好!　　　　　　　　こんにちは。

Nǐ hǎo!
—— 你好!　　　　　　　こんにちは。

Zǎoshang hǎo!
早上好!　　　　　　　おはよう。

Wǎnshang hǎo!
晚上好!　　　　　　　こんばんは。

Wǎn'ān.
晚安。　　　　　　　　おやすみなさい。

Xiè xie.
谢谢。　　　　　　　　ありがとう。

Bú kèqi.　　Bú xiè.
——不客气。／不谢。　　どういたしまして。

Duìbuqǐ.
对不起。　　　　　　　すみません。

Méi guānxi.
—— 没关系。　　　　　かまいません。

Hǎojiǔ bú jiàn.
好久不见。　　　　　　お久しぶり。

Hǎojiǔ bú jiàn.
——好久不见。　　　　お久しぶり

Zàijiàn.
再见。　　　　　　　　さようなら。

Zàijiàn.
——再见。　　　　　　さようなら。

Qǐng duō guānzhào.
请多关照。　　　　　　どうぞよろしく。

Qǐng duō guānzhào.
——请多关照。　　　　どうぞよろしく。

中国語基本音節表

声母 ＼ 韻母	a	o	e	ê	er	-i	-i	ai	ei	ao	ou	an	en	ang	eng	ong	i	ia
	[A]	[o]	[ɤ]	[ɛ]	[ɚ]	[ʅ]	[ɿ]	[ai]	[ei]	[ɑu]	[ou]	[an]	[ən]	[ɑŋ]	[əŋ]	[uŋ]	[i]	[iA]
ゼロ声母	a	o	e	ê	er	-i		ai	ei	ao	ou	an	en	ang	eng	ong	yi	ya
① 両唇音 **b** [p]	ba	bo						bai	bei	bao		ban	ben	bang	beng		bi	
② 両唇音 **p** [p']	pa	po						pai	pei	pao	pou	pan	pen	pang	peng		pi	
③ 両唇音 **m** [m]	ma	mo	me					mai	mei	mao	mou	man	men	mang	meng		mi	
④ 唇歯音 **f** [f]	fa	fo							fei		fou	fan	fen	fang	feng			
⑤ 舌尖音 **d** [d]	da		de					dai	dei	dao	dou	dan	den	dang	deng	dong	di	dia
⑥ 舌尖音 **t** [t]	ta		te					tai		tao	tou	tan		tang	teng	tong	ti	
⑦ 舌尖音 **n** [n]	na		ne					nai	nei	nao	nou	nan	nen	nang	neng	nong	ni	
⑧ 舌尖音 **l** [l]	la	lo	le					lai	lei	lao	lou	lan		lang	leng	long	li	lia
⑨ 舌根音 **g** [k]	ga		ge					gai	gei	gao	gou	gan	gen	gang	geng	gong		
⑩ 舌根音 **k** [k']	ka		ke					kai	kei	kao	kou	kan	ken	kang	keng	kong		
⑪ 舌根音 **h** [x]	ha		he					hai	hei	hao	hou	han	hen	hang	heng	hong		
⑫ 舌面音 **j** [tɕ]																	ji	jia
⑬ 舌面音 **q** [tɕ']																	qi	qia
⑭ 舌面音 **x** [ɕ]																	xi	xia
⑮ 捲舌音 **zh** [tʂ]	zha		zhe				zhi	zhai	zhei	zhao	zhou	zhan	zhen	zhang	zheng	zhong		
⑯ 捲舌音 **ch** [tʂ]	cha		che				chi	chai		chao	chou	chan	chen	chang	cheng	chong		
⑰ 捲舌音 **sh** [ʂ]	sha		she				shi	shai	shei	shao	shou	shan	shen	shang	sheng			
⑱ 捲舌音 **r** [ʐ]							ri			rao	rou	ran	ren	rang	reng	rong		
⑲ 舌歯音 **z** [ts]	za		ze			zi		zai	zei	zao	zou	zan	zen	zang	zeng	zong		
⑳ 舌歯音 **c** [ts']	ca		ce			ci		cai		cao	cou	can	cen	cang	ceng	cong		
㉑ 舌歯音 **s** [s]	sa		se			si		sai		sao	sou	san	sen	sang	seng	song		

i と i 韻頭								u と u 韻頭									ü と ü 韻頭			
18	19	20	21	22	23	24	25	26	27	28	29	30	31	32	33	34	35	36	37	38
ie	iao	iou -iu	ian	in	iang	ing	iong	u	ua	uo	uai	uei -ui	uan	uen -un	uang	ueng	ü	üe	üan	ün
[iɛ]	[iɑu]	[iou]	[iɛn]	[in]	[iɑŋ]	[iŋ]	[yŋ]	[u]	[uA]	[uo]	[uai]	[uei]	[uan]	[uən]	[uɑŋ]	[uəŋ]	[y]	[yɛ]	[yɛn]	[yn]
ye	yao	you	yan	yin	yang	ying	yong	wu	wa	wo	wai	wei	wan	wen	wang	weng	yu	yue	yuan	yun
bie	biao		bian	bin		bing		bu												
pie	piao		pian	pin		ping		pu												
mie	miao	miu	mian	min		ming		mu												
								fu												
die	diao	diu	dian			ding		du		duo		dui	duan	dun						
tie	tiao		tian			ting		tu		tuo		tui	tuan	tun						
nie	niao	niu	nian	nin	niang	ning		nu		nuo			nuan				nü	nüe		
lie	liao	liu	lian	lin	liang	ling		lu		luo			luan	lun			lü	lüe		
								gu	gua	guo	guai	gui	guan	gun	guang					
								ku	kua	kuo	kuai	kui	kuan	kun	kuang					
								hu	hua	huo	huai	hui	huan	hun	huang					
jie	jiao	jiu	jian	jin	jiang	jing	jiong										ju	jue	juan	jun
qie	qiao	qiu	qian	qin	qiang	qing	qiong										qu	que	quan	qun
xie	xiao	xiu	xian	xin	xiang	xing	xiong										xu	xue	xuan	xun
								zhu	zhua	zhuo	zhuai	zhui	zhuan	zhun	zhuang					
								chu	chua	chuo	chuai	chui	chuan	chun	chuang					
								shu	shua	shuo	shuai	shui	shuan	shun	shuang					
								ru	rua	ruo		rui	ruan	run						
								zu		zuo		zui	zuan	zun						
								cu		cuo		cui	cuan	cun						
								su		suo		sui	suan	sun						

第五课 (dì wǔ kè) 家人 (jiārén)

🐼 本文 track 21

你好! 我叫王明。他是我爸爸，她是我妈妈。
Nǐ hǎo! Wǒ jiào Wáng Míng. Tā shì wǒ bàba, Tā shì wǒ māma.

我是大学生，喜欢学习汉语。爸爸是医生，妈妈是
Wǒ shì dàxuéshēng, xǐhuan xuéxí Hànyǔ. Bàba shì yīshēng, māma shì

老师，他们喜欢喝茶。
lǎoshī, tāmen xǐhuan hē chá.

你是学生吗? 你的家人喜欢喝茶吗?
Nǐ shì xuésheng ma? Nǐ de jiārén xǐhuan hē chá ma?

🐼 単語 track 22

家人 jiārén 名 家族、身内

你 nǐ 代 あなた

好 hǎo 形 良い

你好 Nǐ hǎo こんにちは

我 wǒ 代 私

叫 jiào 動 （名前は）…という

王明 Wáng Míng 名 （人名）王明

他 tā 代 彼

是 shì 動 …である

爸爸 bàba 名 お父さん

她 tā 代 彼女

妈妈 māma 名 お母さん

大学生 dàxuéshēng 名 大学生

喜欢 xǐhuan 動 好きである

学习 xuéxí 動 学ぶ

汉语 Hànyǔ 名 中国語

医生 yīshēng 名 医者

老师 lǎoshī 名 先生

他们 tāmen 代 彼ら

喝 hē 動 飲む

茶 chá 名 お茶

学生 xuésheng 名 学生

的 de 助 …の

吗 ma 助 …か（疑問を表す）

第五課　家人

🐼 キーワード　"喜欢"（…が好き、…するのが好きである）　track 23

① 我喜欢北京。
Wǒ xǐhuan Běijīng.

私は北京が好きです。

② 我喜欢坐飞机。
Wǒ xǐhuan zuò fēijī.

私は飛行機に乗るのが好きです。

③ 他喜欢看电影。
Tā xǐhuan kàn diànyǐng.

彼は映画を見るのが好きです。

④ 她喜欢喝牛奶。
Tā xǐhuan hē niúnǎi.

彼女は牛乳を飲むのが好きです。

⑤ 我喜欢吃水果。
Wǒ xǐhuan chī shuǐguǒ.

私は果物を食べるのが好きです。

⑥ 你喜欢看电视吗？
Nǐ xǐhuan kàn diànshì ma?

あなたはテレビを見るのが好きですか。

⑦ 你喜欢学习吗？
Nǐ xǐhuan xuéxí ma?

あなたは勉強するのが好きですか。

⑧ 我妈喜欢猫，不喜欢狗。
Wǒ mā xǐhuan māo, bù xǐhuan gǒu.

私の母は猫が好きで、犬は好きではありません。

⑨ 我喜欢吃米饭，不喜欢吃面包。
Wǒ xǐhuan chī mǐfàn, bù xǐhuan chī miànbāo.

私はライスを食べるのが好きで、パンを食べるのは好きではありません。

⑩ 我喜欢冬天，她喜欢夏天。
Wǒ xǐhuan dōngtiān, tā xǐhuan xiàtiān.

私は冬が好きで、彼女は夏が好きです。

🐼 単語　track 24

北京 Běijīng 名 北京

坐 zuò 動 （乗り物に）乗る、座る

飞机 fēijī 名 飛行機

看 kàn 動 見る、読む

电影 diànyǐng 名 映画

牛奶 niúnǎi 名 牛乳

吃 chī 動 食べる

水果 shuǐguǒ 名 果物

电视 diànshì 名 テレビ

妈 mā 名 母、お母さん

猫 māo 名 猫

狗 gǒu 名 犬

米饭 mǐfàn 名 ご飯

面包 miànbāo 名 パン

冬天 dōngtiān 名 冬

夏天 xiàtiān 名 夏

🐼 ポイント

1 人称代名詞 `track 25`

	単数	複数
一人称	我 wǒ（私）	我们 wǒmen（私たち） 咱们 zánmen（私たち）
二人称	你 nǐ（あなた） 您 nín（敬語）	你们 nǐmen（あなたたち）
三人称	他 tā（彼）　她 tā（彼女）	他们 tāmen（彼ら） 她们 tāmen（彼女たち）

▶ "咱们" は聞き手を含んだ「私たち」。

▶ 二人称の複数は "您们" とは言わない。

2 動詞述語文 ｜ 主語（S）＋ 動詞（V）＋ 目的語（O）｜ `track 26`

我叫王明。Wǒ jiào Wáng Míng.

他不是老师。Tā bú shì lǎoshī.

我喜欢学习，他不喜欢学习。Wǒ xǐhuan xuéxí, tā bù xǐhuan xuéxí.

▶否定形は、"不" を動詞の前に置く。

3 "吗" 疑問文 `track 27`

你喝茶吗? Nǐ hē chá ma?

她是医生吗? Tā shì yīshēng ma?

　　── （是，）她是医生。(Shì,) tā shì yīshēng.

　　── （不是，）她不是医生。(Bú shì,) tā bú shì yīshēng.

你们是大学生吗? Nǐmen shì dàxuéshēng ma?

　　──是 （，我们是大学生）。Shì (, wǒmen shì dàxuéshēng).

　　──不是 （，我们不是大学生）。Bú shì (, wǒmen bú shì dàxuéshēng).

▶ "是" を用いた文の場合、"是" または "不是" 単独で答えることもできる。

4 "的" の用法（1） ｜ 名詞・代名詞 ＋"的"＋ 名詞｜ 「…の〜」 `track 28`

北京的冬天 Běijīng de dōngtiān（北京の冬）

她的家人 tā de jiārén（彼女の家族）

22

▶人称代名詞＋親族名称・人間関係・所属機関の場合は"的"は省略されることが多い。

我妈妈 wǒ māma　　　他们老师 tāmen lǎoshī　　　我们大学 wǒmen dàxué

▶熟語化した語句は"的"を省略できる。

日本老师 Rìběn lǎoshī（日本人の先生）　　　中国电影 Zhōngguó diànyǐng（中国の映画）

中国朋友 Zhōngguó péngyou（中国人の友達）

▶指しているものが明確な場合、"的"の後の名詞は省略できる。

我的面包 wǒ de miànbāo　→　我的 wǒ de（私のです）

他的电视 tā de diànshì　→　他的 tā de（彼のです）

5 家族の言い方　track 29

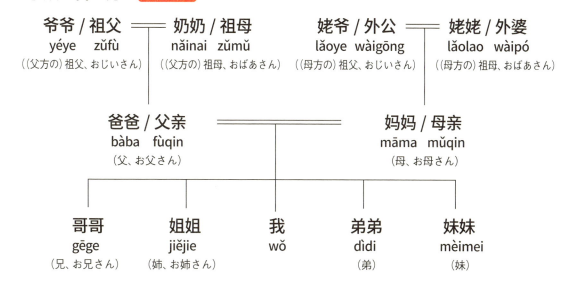

▶話し言葉では"爸""妈"など1字で用いることもある。

ドリル

一、次の単語のピンインを書いてください。

① 家人 _____　② 大学生 _____　③ 喜欢 _____

④ 学习 _____　⑤ 汉语 _____　⑥ 医生 _____

⑦ 老师 _____　⑧ 学生 _____　⑨ 北京 _____

⑩ 飞机 _____　⑪ 牛奶 _____　⑫ 电视 _____

⑬ 米饭 _____　⑭ 面包 _____　⑮ 冬天 _____

二、本文の内容に基づき質問に答えましょう。　track 30

1. 王明是大学生吗？ _____
   Wáng Míng shì dàxuéshēng ma?

2. 王明的爸爸是老师吗？ _____
   Wáng Míng de bàba shì lǎoshī ma?

3. 王明的妈妈是医生吗？ _____
   Wáng Míng de māma shì yīshēng ma?

4. 王明喜欢学习汉语吗？ _____
   Wáng Míng xǐhuan xuéxí Hànyǔ ma?

5. 王明的爸爸妈妈喜欢喝茶吗？ _____
   Wáng Míng de bàba māma xǐhuan hē chá ma?

三、実際の状況に基づき中国語で答えてください。　track 31

1. 你是学生吗？ _____
   Nǐ shì xuésheng ma?

2. 你喜欢学习吗？ _____
   Nǐ xǐhuan xuéxí ma?

3. 你喜欢坐飞机吗？ _____
   Nǐ xǐhuan zuò fēijī ma?

4. 你喜欢吃米饭吗？ _____
   Nǐ xǐhuan chī mǐfàn ma?

5. 你喜欢吃面包吗？ _____
   Nǐ xǐhuan chī miànbāo ma?

6. 你喜欢夏天吗？ _____
   Nǐ xǐhuan xiàtiān ma?

第五课　家人

四、本文の内容に基づいて空欄を埋めましょう。

你好！我＿＿＿王明。他是我＿＿＿＿＿＿，她是我＿＿＿＿＿＿＿。

我是＿＿＿＿＿＿＿＿，喜欢＿＿＿＿＿＿ ＿＿＿＿＿＿。爸爸是＿＿＿＿＿＿，妈妈

是＿＿＿＿＿＿，他们喜欢＿＿＿ ＿＿＿。

你是大学生＿＿＿？你的＿＿＿＿＿＿喜欢喝茶吗？

五、次の文を中国語に訳してください。

1. 私は学生です。　　＿＿＿＿＿＿＿＿＿＿＿＿＿＿＿＿＿＿＿＿＿＿＿

2. 父は医者です。　　＿＿＿＿＿＿＿＿＿＿＿＿＿＿＿＿＿＿＿＿＿＿＿

3. 母は先生です。　　＿＿＿＿＿＿＿＿＿＿＿＿＿＿＿＿＿＿＿＿＿＿＿

4. あなたは犬が好きですか？　＿＿＿＿＿＿＿＿＿＿＿＿＿＿＿＿＿＿＿

5. 私はお茶を飲むのが好きです。　＿＿＿＿＿＿＿＿＿＿＿＿＿＿＿＿＿

6. あなたは果物を食べるのが好きですか？　＿＿＿＿＿＿＿＿＿＿＿＿＿

六、下線部を他の語に置き換えて練習しましょう。

我<u>爸爸</u>是医生，<u>妈妈</u>是老师。

（弟弟／妹妹　　爷爷／奶奶　　姐姐／哥哥）

七、本文をタイピングしてください。

発音練習 track 32

dédào 得到 (手に入れる)	dú 读 (読む)	duōshao 多少 (どれぐらい)	jièshào 介绍 (紹介する)
jiù 就 (すぐに)	kāihuì 开会 (会議をする)	kǎo 考 (試験する)	láidào 来到 (…に来る)
lǎo 老 (古い)	lóu 楼 (ビル)	lóu xià 楼下 (階下)	lù 路 (道)
lùkǒu 路口 (交差点)	lùshang 路上 (道中)	mǎlù 马路 (大通り)	yǒude 有的 (あるもの)
zhīdào 知道 (わかる)	zhīshi 知识 (知識)	xiānsheng 先生 ((男性に対して)…さん)	xuéyuàn 学院 (学部・単科大学)

コラム

中国人の名前は一般的に二、三文字である。公安部の統計によると、中国では三文字の名前が84.55％を占め、現代中国人の名前の主流となっている。6000あまりの姓の中で、王、李、張、劉、陳が上位5位を占めている。その中で、王、李という二つの姓は人口がそれぞれ1億を超えている。中国語では、苗字が一文字である場合、フルネームで呼ぶことが多い。親しい関係の場合、名前の呼び方は様々である。

第六课
dì liù kè

买东西
mǎi dōngxi

🐼 **本文** track 33

王明：山本，我想 买一个 电脑。这儿有白的和红的。
Shānběn, wǒ xiǎng mǎi yí ge diànnǎo. Zhèr yǒu bái de hé hóng de.

山本：这个 白的 很 好看。
Zhèige bái de hěn hǎokàn.

王明：白的贵，红的便宜。
Bái de guì, hóng de piányi.

山本：白的大，红的小。
Bái de dà, hóng de xiǎo.

王明：我喜欢大的。买白的吧。
Wǒ xǐhuan dà de. Mǎi bái de ba.

山本：王明，我很渴，想喝水。
Wáng Míng, wǒ hěn kě, xiǎng hē shuǐ.

王明：那我们喝咖啡吧，休息一下儿。
Nà wǒmen hē kāfēi ba, xiūxi yíxiàr.

🐼 **単語** track 34

买 mǎi 動 買う		贵 guì 形 値段が高い	
东西 dōngxi 名 もの		便宜 piányi 形 安い	
山本 Shānběn 名 （姓）山本		大 dà 形 大きい	
想 xiǎng 助動 …したい、…するつもりだ		小 xiǎo 形 小さい	
个 ge 量 個数を数える		吧 ba 助 推量、提案・要求を表す	
电脑 diànnǎo 名 パソコン		很 hěn 副 とても	
这儿 zhèr 代 ここ、そこ		渴 kě 形 のどが渇いている	
有 yǒu 動 ある、持っている		水 shuǐ 名 水	
白 bái 形 白い		那 nà 接 それでは…、じゃあ 代 それ、あれ	
和 hé 介 …と		咖啡 kāfēi 名 コーヒー	
红 hóng 形 赤い		休息 xiūxi 動 休憩する	
这个 zhège/zhèige 代 この、その		一下儿 yíxiàr ちょっと	
好看 hǎokàn 形 きれいである			

🐼 キーワード "想"（…したい） track 35

① 我想吃饭。
Wǒ xiǎng chīfàn.

私はご飯を食べたいです。

② 我想去医院。
Wǒ xiǎng qù yīyuàn.

私は病院に行きたいです。

③ 你想买衣服吗?
Nǐ xiǎng mǎi yīfu ma?

あなたは服を買いたいですか?

④ 我想去洗手间。
Wǒ xiǎng qù xǐshǒujiān.

私はお手洗いに行きたいです。

⑤ 我想打电话。
Wǒ xiǎng dǎ diànhuà.

私は電話をかけたいです。

⑥ 我想唱歌。
Wǒ xiǎng chànggē.

私は歌を歌いたいです。

⑦ 我想读书。
Wǒ xiǎng dúshū.

私は本を読みたいです。

⑧ 我们想打车。
Wǒmen xiǎng dǎchē.

私たちはタクシーに乗りたいです。

⑨ 我不想去图书馆。
Wǒ bùxiǎng qù túshūguǎn.

私は図書館に行きたくありません。

⑩ 我不想回家。
Wǒ bùxiǎng huí jiā.

私は家に帰りたくありません。

🐼 単語 track 36

吃 // 饭 chīfàn 食事をする

去 qù 動 行く

医院 yīyuàn 名 病院

衣服 yīfu 名 服

洗手间 xǐshǒujiān 名 トイレ、手洗い

打电话 dǎ diànhuà 電話をかける

唱 // 歌 chànggē 歌を歌う

读 // 书 dúshū 読書をする、勉強する

打 // 车 dǎchē タクシーに乗る

图书馆 túshūguǎn 名 図書館

回家 huí jiā 帰宅する

▶ 「//」は離合詞の印である。離合詞は2音節からなる動詞で、本書では「動詞＋目的語」で構成されるVO型のみ取り上げている。

第六课　买东西

🐼 ポイント

1 量詞　track 37

　数詞と名詞の間にはさむ助数詞のことで、日本語の「…個」「…冊」「…本」などに相当する。

一个人　　一个杯子（コップ）　　两个包子（中華まん）　　三个房间（部屋）
yí ge rén　　yí ge bēizi　　　　　liǎng ge bāozi　　　　　sān ge fángjiān

两本书（本）　　三口人　　　四块面包　　　五杯牛奶
liǎng běn shū　　sān kǒu rén　　sì kuài miànbāo　　wǔ bēi niúnǎi

▶数量としての「2」は"两"で表す。

我想买一个电脑。Wǒ xiǎng mǎi yí ge diànnǎo.

她想买一本书。Tā xiǎng mǎi yì běn shū.

2 "有"　存在や所有を表す「ある、いる、持っている」　track 38

　否定は"没""没有"を使う。

这儿有白的和红的。Zhèr yǒu bái de hé hóng de.

我有一个姐姐。Wǒ yǒu yí ge jiějie.

他家有三口人。Tā jiā yǒu sān kǒu rén.

他没有电视。Tā méiyǒu diànshì.

你有电脑吗? Nǐ yǒu diànnǎo ma?

3 介詞 "和"　名詞・名詞句・代詞の並列を示す「…と」　track 39

白的和红的 bái de hé hóng de

我和你 wǒ hé nǐ

爸爸和妈妈 bàba hé māma

4 指示代詞　track 40

これ、それ / この、その	それ、あれ / その、あの	どれ / どの
这 zhè	那 nà	哪 nǎ
这个 zhège/zhèige	那个 nàge/nèige	哪个 nǎge/něige

29

这是我妈妈。Zhè shì wǒ māma.

那是我的电脑。Nà shì wǒ de diànnǎo.

我买这个杯子。Wǒ mǎi zhège bēizi.

我买这个。Wǒ mǎi zhège.

▶量詞の後の名詞は省略できる。

▶複数の人・事物を表す場合は "这些 zhèxiē/zhèixiē"（これら／それら）、"那些 nàxiē/nèixiē"（それら／あれら）、"哪些 nǎxiē/něixiē"（どれら）を用いる。

▶ "这" "那" "哪" は単独で目的語になることができない。

5 形容詞述語文 `track 41`

　肯定文の場合、普通は形容詞の前に副詞が必要である。副詞が "很" の場合は、語調を整えるかざりとなるため、「とても」の意味はほとんどない。

白的很好看。Bái de hěn hǎokàn.

红的不好看。Hóng de bù hǎokàn.

你渴吗? Nǐ kě ma?

我很渴。Wǒ hěn kě.

白的大，红的小。Bái de dà, hóng de xiǎo.

▶比較を表す場合は、かざりとしての "很" を入れる必要がない。

6 "吧" 推量、提案・要求を表す「でしょう、ましょう、してください」 `track 42`

你是大学生吧。Nǐ shì dàxuéshēng ba.

我们喝咖啡吧。Wǒmen hē kāfēi ba.

我们回家吧。Wǒmen huí jiā ba.

你唱歌吧。Nǐ chànggē ba.

7 動詞 ＋ "一下 (儿)" 「ちょっと…する」 `track 43`

你去一下儿。Nǐ qù yíxiàr.

我们休息一下儿。Wǒmen xiūxi yíxiàr.

你打一下电话。Nǐ dǎ yíxià diànhuà.

第六课　买东西

🐼 ドリル

一、次の単語のピンインを書いてください。

① 电脑 _____　　② 这儿 _____　　③ 好看 _____

④ 便宜 _____　　⑤ 咖啡 _____　　⑥ 休息 _____

⑦ 吃饭 _____　　⑧ 医院 _____　　⑨ 衣服 _____

⑩ 洗手间 _____　　⑪ 唱歌 _____　　⑫ 读书 _____

⑬ 打车 _____　　⑭ 图书馆 _____　　⑮ 回家 _____

二、本文の内容に基づき質問に答えましょう。　track 44

1. 王明想买电脑吗？ _____
   Wáng Míng xiǎng mǎi diànnǎo ma?

2. 山本渴吗？ _____
   Shānběn kě ma?

3. 山本想喝水吗？ _____
   Shānběn xiǎng hē shuǐ ma?

三、実際の状況に基づき中国語で答えてください。　track 45

1. 你想买衣服吗？ _____
   Nǐ xiǎng mǎi yīfu ma?

2. 你想去图书馆吗？ _____
   Nǐ xiǎng qù túshūguǎn ma?

3. 你想吃饭吗？ _____
   Nǐ xiǎng chīfàn ma?

4. 你想唱歌吗？ _____
   Nǐ xiǎng chànggē ma?

5. 你想回家吗？ _____
   Nǐ xiǎng huí jiā ma?

6. 你想喝咖啡吗？ _____
   Nǐ xiǎng hē kāfēi ma?

四、本文の内容に基づいて空欄を埋めましょう。

王明：山本，我想____一个_____。这儿有____的和____的。

山本：_____白的很_____。

王明：白的____，红的_____。

山本：白的____，红的____。

王明：我喜欢大的。买白的吧。

山本：王明，我很____，想____ ____。

王明：____我们喝_____吧，_____一下儿。

五、次の文を中国語に訳してください。

1. 私はご飯を食べたいです。 _____

2. 彼は病院に行きたいです。 _____

3. 彼女は服を買いたいです。 _____

4. 姉はトイレに行きたいです。 _____

5. お母さんは電話をかけたいです。 _____

6. あなたは歌を歌いたいですか? _____

六、下線部を他の語に置き換えて練習しましょう。

我想买衣服。

（水果　　茶　　咖啡　　电脑　　面包　　电视）

七、本文をタイピングしてください。

第六课　买东西

発音練習　track 46

shuì 睡 （寝る）	shì 试 （試す）	shūbāo 书包 （カバン）	cì 次 （動作行為の回数を数える）
xià cì 下次 （次回）	xià chē 下车 （乗物から降りる）	xiě 写 （書く）	yào 要 （ほしい）
zǒu 走 （歩く）	zuìhòu 最后 （最後）	zuò xia 坐下 （座る）	érzi 儿子 （息子）
wàiguó 外国 （外国）	wàiyǔ 外语 （外国語）	xiǎopéngyǒu 小朋友 （子供）	

コラム

中国は面積が広く、ものが豊富であり、南方と北方の食文化はそれぞれの特色を持っている。たとえば、南方では主に米を主食とし、北方では主に麺を主食としている。料理の量から言えば南では少なく、北は多い。味つけとしては、南は甘く、北は塩辛い。

第七课 _{dì qī kè}

星期天 _{xīngqītiān}

🐼 **本文** `track 47`

今天 星期天。
Jīntiān xīngqītiān.

爸爸 和 妈妈 都 在 家，我 也 不用 去 学校。中午
Bàba hé māma dōu zài jiā, wǒ yě búyòng qù xuéxiào. Zhōngwǔ

我们 一起 吃 午饭，我 很 高兴。
wǒmen yìqǐ chī wǔfàn, wǒ hěn gāoxìng.

下午 我 和 网友 见面，他 二十 岁。我们 一起
Xiàwǔ wǒ hé wǎngyǒu jiànmiàn, tā èrshí suì. Wǒmen yìqǐ

打球，非常 好玩儿。明天 上课，今天 晚上 我 想
dǎ qiú, fēicháng hǎowánr. Míngtiān shàngkè, jīntiān wǎnshang wǒ xiǎng

早 一点儿 睡觉。
zǎo yìdiǎnr shuìjiào.

我 喜欢 星期天，你 喜欢 星期 几?
Wǒ xǐhuan xīngqītiān, nǐ xǐhuan xīngqī jǐ?

🐼 **单語** `track 48`

星期天 xīngqītiān 名 日曜日	网友 wǎngyǒu 名 インターネット上の友人
今天 jīntiān 名 今日	见 // 面 jiànmiàn 顔を合わせる、会う
都 dōu 副 みんな、すべて	岁 suì 量 歳を数える（…歳）
在 zài 動 いる、ある 介 …で	打球 dǎ qiú 球技をする
家 jiā 名 家	非常 fēicháng 副 非常に
也 yě 副 …も	好玩儿 hǎowánr 形 おもしろい
不用 búyòng 副 …する必要がない	明天 míngtiān 名 明日
学校 xuéxiào 名 学校	上 // 课 shàngkè 授業を受ける、授業をする
中午 zhōngwǔ 名 正午	晚上 wǎnshang 名 夜
我们 wǒmen 代 わたしたち	早 zǎo 形 早い
一起 yìqǐ 副 一緒に	一点儿 yìdiǎnr 少し
午饭 wǔfàn 名 昼食	睡 // 觉 shuìjiào 寝る、眠る
高兴 gāoxìng 形 嬉しい	几 jǐ 代 いくつ

第七课　星期天

🐼 キーワード "早一点儿"（少し早く） `track 49`

① 早一点儿起床。　　　　　　　少し早く起きます。
　Zǎo yìdiǎnr qǐchuáng.

② 早一点儿吃饭。　　　　　　　少し早くご飯を食べます。
　Zǎo yìdiǎnr chīfàn.

③ 早一点儿下课。　　　　　　　少し早く授業が終わります。
　Zǎo yìdiǎnr xiàkè.

④ 早一点儿睡觉。　　　　　　　少し早く寝ます。
　Zǎo yìdiǎnr shuìjiào.

⑤ 早一点儿放假。　　　　　　　少し早く休みに入ります。
　Zǎo yìdiǎnr fàngjià.

⑥ 早一点儿来。　　　　　　　　少し早く来ます。
　Zǎo yìdiǎnr lái.

⑦ 早一点儿去。　　　　　　　　少し早く行きます。
　Zǎo yìdiǎnr qù.

⑧ 早一点儿见面吧。　　　　　　少し早く会いましょう。
　Zǎo yìdiǎnr jiànmiàn ba.

⑨ 早一点儿到。　　　　　　　　少し早く着きます。
　Zǎo yìdiǎnr dào.

⑩ 早一点儿回家。　　　　　　　少し早く家に帰ります。
　Zǎo yìdiǎnr huí jiā.

▶ "一"は省略してもよい。"早点儿起床。"

🐼 単語　`track 50`

起 // 床 qǐchuáng　起床する　　　　　来 lái 動 来る

下 // 课 xiàkè　授業が終わる　　　　 到 dào 動 到着する、着く

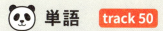放 // 假 fàngjià　休みになる

🐼 ポイント

1 名詞述語文 `track 51`

今天星期天。 Jīntiān xīngqītiān.

他二十岁吗? Tā èrshí suì ma?

她不是十八岁。 Tā bú shì shíbā suì.

▶年月日・曜日・時刻、年齢、金額等を表す時、名詞だけで述語になることができる。

▶否定を表す場合は"不是"が必要である。

2 副詞 `track 52`

| 主語 ＋ 副詞 ＋ 述語 |

我们都是学生。 Wǒmen dōu shì xuésheng.

他也二十岁。 Tā yě èrshí suì.

她也不看电影。 Tā yě bú kàn diànyǐng.

他们一起打球吗? Tāmen yìqǐ dǎ qiú ma?

3 動詞 "在" 所在を表す「いる、ある」 `track 53`

他们都在家。 Tāmen dōu zài jiā.

我们大学在北京。 Wǒmen dàxué zài Běijīng.

她不在图书馆。 Tā bú zài túshūguǎn.

4 年月日などの言い方 `track 54`

一九四九年　　　　二〇一九年　　　　二〇二四年
yī jiǔ sì jiǔ nián　 èr líng yī jiǔ nián　 èr líng èr sì nián

一月一号 (日)　　　二月十四号 (日)　　　三月三十一号 (日)
yī yuè yī hào (rì)　 èr yuè shísì hào (rì)　 sān yuè sānshiyī hào (rì)

几月几号 (日)
jǐ yuè jǐ hào (rì)

▶「…日」は話し言葉では"号"を用いる。書き言葉では"日"を用いる。

星期一 (月曜日)　星期二 (火曜日)　星期三 (水曜日)　星期四 (木曜日)　星期五 (金曜日)
xīngqīyī　　　　　xīngqī'èr　　　　　xīngqīsān　　　　　xīngqīsì　　　　　xīngqīwǔ

星期六 (土曜日)　星期天 (日) (日曜日)　　　　星期几 (何曜日?)
xīngqīliù　　　　　xīngqītiān (rì)　　　　　　xīngqī jǐ

第七课　星期天

昨天（昨日）　　**今天**（今日）　　**明天**（明日）
zuótiān　　　　　jīntiān　　　　　míngtiān

早上（朝）　　**上午**（午前）　　**中午**（正午）　　**下午**（午後）　　**晚上**（夜）
zǎoshang　　　shàngwǔ　　　　zhōngwǔ　　　　xiàwǔ　　　　wǎnshang

主語 ＋ 時を表す成分 ＋ 動詞句

我明天上课。Wǒ míngtiān shàngkè.

他今天去北京。Tā jīntiān qù Běijīng.

她下午去图书馆。Tā xiàwǔ qù túshūguǎn.

▶時刻を強調したい場合は時刻を主語の前におくことができる。

中午我们一起吃午饭。Zhōngwǔ wǒmen yìqǐ chī wǔfàn.

下午我和网友见面。Xiàwǔ wǒ hé wǎngyǒu jiànmiàn.

🐼 ドリル

一、次の単語のピンインを書いてください。

① 今天 _____　② 学校 _____　③ 中午 _____

④ 我们 _____　⑤ 一起 _____　⑥ 高兴 _____

⑦ 网友 _____　⑧ 见面 _____　⑨ 打球 _____

⑩ 非常 _____　⑪ 上课 _____　⑫ 晚上 _____

⑬ 睡觉 _____　⑭ 起床 _____　⑮ 放假 _____

二、本文の内容に基づき質問に答えましょう。　track 55

1. 今天星期一吗? _____
   Jīntiān xīngqīyī ma?

2. 王明的爸爸在家吗? _____
   Wáng Míng de bàba zài jiā ma?

3. 王明的妈妈也在家吗? _____
   Wáng Míng de māma yě zài jiā ma?

4. 王明高兴吗? _____
   Wáng Míng gāoxìng ma?

5. 王明的网友十八岁吗? _____
   Wáng Míng de wǎngyǒu shíbā suì ma?

6. 王明喜欢星期几? _____
   Wáng Míng xǐhuan xīngqī jǐ?

三、実際の状況に基づき中国語で答えてください。　track 56

1. 你想早一点儿起床吗? _____
   Nǐ xiǎng zǎo yìdiǎnr qǐchuáng ma?

2. 你明天想早一点儿去学校吗? _____
   Nǐ míngtiān xiǎng zǎo yìdiǎnr qù xuéxiào ma?

3. 你想早一点儿回家吗? _____
   Nǐ xiǎng zǎo yìdiǎnr huí jiā ma?

4. 你今天想早一点儿睡觉吗? _____
   Nǐ jīntiān xiǎng zǎo yìdiǎnr shuìjiào ma?

5. 你想早一点儿放假吗? _____
   Nǐ xiǎng zǎo yìdiǎnr fàngjià ma?

第七课　星期天

四、本文の内容に基づいて空欄を埋めましょう。

今天_____。

爸爸和妈妈____ ____ ____，我____ _____去学校。_____我们

_____吃午饭，我很_____。

下午我和_____见面，他二十岁。我们一起_____，非常

_____。明天上课，今天晚上我想早一点儿_____。

我喜欢星期天，你喜欢星期____？

五、次の文を中国語に訳してください。

1. 今日は日曜日です。　_____

2. 父と母は家にいます。　_____

3. 私は学校に行く必要がありません。　_____

4. 私たちは一緒にボール遊びをします。　_____

5. 今夜はもう少し早く寝たいです。　_____

6. お昼に一緒にランチを食べます。　_____

六、下線部を他の語に置き換えて練習しましょう。

今天星期一，明天星期二。

（星期三／星期四　　　星期五／星期六　　　休息／去学校）

七、本文をタイピングしてください。

発音練習　track 57

Zhōngwén
中文
（中国語）

zhòng
重
（重い）

zhòngyào
重要
（重要である）

zhōngxué
中学
（中学・高校）

shíjiān
时间
（時間）

shì
事
（こと）

méi shénme
没什么
（何でもない）

ménkǒu
门口
（入口）

méishìr
没事儿
（大丈夫である）

lǎorén
老人
（老人）

rìqī
日期
（期日）

shāngdiàn
商店
（商店）

shēngrì
生日
（誕生日）

piào
票
（切符）

qǐ
起
（立つ）

qǐlai
起来
（起き上がる）

コラム

中国の節句は食べるものが決まっていることが多い。たとえば、大晦日（旧暦一月一日の前日）は餃子、元宵節（旧暦の一月十五日）は団子、中秋節（旧暦の八月十五日）は月餅、臘八節（旧暦の十二月八日）は臘八粥（数種の穀物と豆に、干しナツメやハスの実を加えて煮た甘い粥）、冬至は餃子、立春は春餅（小麦粉生地を薄く焼き、肉や野菜を包んだもの）等である。

第八课
dì bā kè

钱包在哪儿?
Qiánbāo zài nǎr?

🐼 **本文** `track 58`

山本:你 找 什么?
Nǐ zhǎo shénme?

王明:我 的 钱包 在 这里 吗?
Wǒ de qiánbāo zài zhèlǐ ma?

山本:这儿 没有 你 的 钱包, 你 看看 桌子 上边。
Zhèr méiyǒu nǐ de qiánbāo, nǐ kànkan zhuōzi shàngbian.

王明:我 记得 放 这边 了, 真的 没有, 那 我 看看 桌子
Wǒ jìde fàng zhèbiān le, zhēnde méiyǒu, nà wǒ kànkan zhuōzi

那边。
nàbiān.

山本:找到 了 吗?
Zhǎodào le ma?

王明:没 找到。
Méi zhǎodào.

山本:你 再 想想 放 哪儿 了。
Nǐ zài xiǎngxiang fàng nǎr le.

王明:我 太 累 了, 明天 再 找 吧。
Wǒ tài lèi le, míngtiān zài zhǎo ba.

🐼 **单語** `track 59`

钱包 qiánbāo 名 财布

哪儿 nǎr 代 どこ

找 zhǎo 動 探す

什么 shénme 代 何、どんな

这里 zhèlǐ 代 ここ、そこ

桌子 zhuōzi 名 机

上边 shàngbian 名 上の方

记得 jìde 動 覚えている

放 fàng 動 置く

这边 zhèbiān 代 ここ、そこ

了 le 助 完了、変化を表す

真的 zhēnde 本当に

那边 nàbiān 代 そこ、あそこ

找到 zhǎodào 探し出す、見つける

没 méi 副 …しなかった、…していない

再 zài 副 また、もう一度、それから

太…了 tài…le あまりにも…だ

累 lèi 形 疲れている

🐼 キーワード "太…了"（あまりにも…である） track 60

① 我太忙了。
Wǒ tài máng le.

私はあまりにも忙しいです。

② 他太慢了。
Tā tài màn le.

彼はあまりにも遅いです。

③ 面条儿太好吃了。
Miàntiáor tài hǎochī le.

麺はあまりにも美味しいです。

④ 富士山太高了。
Fùshìshān tài gāo le.

富士山はあまりにも高いです。

⑤ 孩子太小了。
Háizi tài xiǎo le.

子供はあまりにも小さいです。

⑥ 今天太冷了。
Jīntiān tài lěng le.

今日はあまりにも寒いです。

⑦ 花太好看了。
Huā tài hǎokàn le.

お花はあまりにもきれいです。

⑧ 这儿人太多了。
Zhèr rén tài duō le.

ここはあまりにも人が多いです。

⑨ 我太饿了。
Wǒ tài è le.

私はあまりにもお腹がすいています。

⑩ 她太生气了。
Tā tài shēngqì le.

彼女はあまりにも怒っています。

🐼 単語 track 61

忙 máng 形 忙しい

慢 màn 形 遅い、ゆっくりである

面条儿 miàntiáor 名 麺類

好吃 hǎochī 形 おいしい

富士山 Fùshìshān 名 富士山

高 gāo 形 高い

孩子 háizi 名 子供

冷 lěng 形 寒い

花 huā 名 花

人 rén 名 人

多 duō 形 多い、多く

饿 è 形 お腹がすいている

生 // 气 shēngqì 腹を立てる

第八课　钱包在哪儿?

🐼 ポイント

1 疑問詞疑問文　track 62

　"哪儿"(どこ)、"几"(いくつ)、"什么"(なに)、"谁"(だれ)など疑問詞が入っている疑問文で、文末に"吗"はつけない。

老师在哪儿? Lǎoshī zài nǎr?

今天星期几? Jīntiān xīngqī jǐ?

你找什么? Nǐ zhǎo shénme?

他是谁? Tā shì shéi?

2 動詞の重ね型　track 63

　動詞を重ねて「ちょっと…する」の意味を表す。一音節の動詞は真ん中に"一"を入れることができる。

你想(一)想。Nǐ xiǎng (yi) xiang.

我找(一)找。Wǒ zhǎo (yi) zhao.

你看(一)看吧。Nǐ kàn (yi) kan ba.

我们休息休息吧。Wǒmen xiūxi xiūxi ba.

3 方位詞　track 64

	上 shàng	下 xià	里 lǐ	外 wài	前 qián	后 hòu	旁 páng
边 bian	上边 (上)	下边 (下)	里边 (中)	外边 (外)	前边 (前)	后边 (後ろ)	旁边 (そば)

	左 zuǒ	右 yòu	东 dōng	西 xī	南 nán	北 běi
边 bian	左边 (左)	右边 (右)	东边 (東)	西边 (西)	南边 (南)	北边 (北)

　方位詞は名詞の後ろに置かれるが、二音節方位詞は単独で使うことができる。

桌子上边有电脑。Zhuōzi shàngbian yǒu diànnǎo.

椅子下边有猫。Yǐzi xiàbian yǒu māo.

里边有人。Lǐbian yǒu rén.

「〜の上」「〜の中」と言うときは、"上""里"を使うことが多い。その場合、軽声になることが多い。

椅子上 yǐzi shang   学校里 xuéxiào li

4 動作の完了を表す"了"「…した」 track 65

目的語に量詞や修飾語がある場合、"了"は動詞の後ろに置く。否定は"没（有）"を用い、"了"はつけない。

你喝茶了吗? Nǐ hē chá le ma?

你们吃饭了吗? Nǐmen chīfàn le ma?

我买了一本书。Wǒ mǎile yì běn shū.

我没（有）找到钱包。Wǒ méi (yǒu) zhǎodào qiánbāo.

5 副詞"再"「再び、また」 track 66

你再想想。Nǐ zài xiǎngxiang.

再看看桌子上边。Zài kànkan zhuōzi shàngbian.

再找找。Zài zhǎozhao.

第八课　钱包在哪儿?

🐼 ドリル

一、次の単語のピンインを書いてください。

① 什么 _____　② 钱包 _____　③ 桌子 _____

④ 上边 _____　⑤ 记得 _____　⑥ 这边 _____

⑦ 真的 _____　⑧ 找到 _____　⑨ 哪儿 _____

⑩ 累 _____　⑪ 忙 _____　⑫ 面条儿 _____

⑬ 好吃 _____　⑭ 冷 _____　⑮ 生气 _____

二、本文の内容に基づき質問に答えましょう。　track 67

1. 王明找什么? _____
   Wáng Míng zhǎo shénme?

2. 他找到了吗? _____
   Tā zhǎodào le ma?

3. 桌子上边有钱包吗? _____
   Zhuōzi shàngbian yǒu qiánbāo ma?

4. 王明累吗? _____
   Wáng Míng lèi ma?

三、実際の状況に基づき中国語で答えてください。　track 68

1. 你的桌子上边有什么? _____
   Nǐ de zhuōzi shàngbian yǒu shéme?

2. 你的钱包在哪儿? _____
   Nǐ de qiánbāo zài nǎr?

3. 你累吗? _____
   Nǐ lèi ma?

4. 你记得早上吃什么了吗? _____
   Nǐ jìde zǎoshang chī shénme le ma?

45

四、本文の内容に基づいて空欄を埋めましょう。

山本：你＿＿＿ ＿＿＿＿＿＿？

王明：我的＿＿＿＿＿＿在＿＿＿＿＿吗？

山本：＿＿＿＿＿＿没有你的钱包，你看看＿＿＿＿＿＿ ＿＿＿＿＿＿。

王明：我＿＿＿＿＿＿放这边了，＿＿＿＿＿＿没有，那我看看桌子那边。

山本：＿＿＿＿＿＿了吗？

王明：＿＿＿找到。

山本：你＿＿＿＿想想放＿＿＿＿＿＿了。

王明：我太＿＿＿了，明天再找吧。

五、 次の文を中国語に訳してください。

1. 財布はここにありますか？ ＿＿＿＿＿＿＿＿＿＿＿＿＿＿＿＿＿＿＿＿＿＿＿＿

2. ちょっとテーブルの上を見てください。 ＿＿＿＿＿＿＿＿＿＿＿＿＿＿＿＿＿＿＿

3. 本当にないんです。 ＿＿＿＿＿＿＿＿＿＿＿＿＿＿＿＿＿＿＿＿＿＿＿＿＿＿＿

4. もう一度考えてみてください。 ＿＿＿＿＿＿＿＿＿＿＿＿＿＿＿＿＿＿＿＿＿＿

5. 見つかりましたか？ ＿＿＿＿＿＿＿＿＿＿＿＿＿＿＿＿＿＿＿＿＿＿＿＿＿＿＿

6. 大変疲れました。 ＿＿＿＿＿＿＿＿＿＿＿＿＿＿＿＿＿＿＿＿＿＿＿＿＿＿＿＿

六、 下線部を他の語に置き換えて練習しましょう。

　真的没有。

　（好吃　冷　忙　慢　累　饿　好看　高）

七、本文をタイピングしてください。

第八課　钱包在哪儿?

発音練習 track 69

búdà
不大
(あまり…でない)

búduì
不对
(正しくない)

nǚrén
女人
(女性)

nǚshēng
女生
(女子学生)

míngzi
名字
(名前)

míngbai
明白
(明白である)

míngnián
明年
(来年)

gōngrén
工人
(工場労働者)

gōngzuò
工作
(仕事をする)

guān
关
(閉める)

Hànzì
汉字
(漢字)

hǎotīng
好听
(聞いて心地よい)

kāi wánxiào
开玩笑
(冗談を言う)

kàndào
看到
(見える)

kànjiàn
看见
(見える)

コラム

中国古代の十大思想家の名前には全て「子」がついている。年代順にあげる
と、老子、孔子、墨子、孟子、荘子、荀子、孫子、管子、列子、韓非子である。
その中で、孔子と孟子は儒家思想を代表し、老子と荘子は道家思想を代表し
ている。

47

第九课
dì jiǔ kè

生病
shēngbìng

🐼 **本文** `track 70`

今天 早上 我 病 了。爸爸 妈妈 都 上班 了，我 一
Jīntiān zǎoshang wǒ bìng le. Bàba māma dōu shàngbān le, wǒ yí

个人 去 看病。医院 里 人 很 多。我 等 了 一 个 小时。
ge rén qù kànbìng. Yīyuàn li rén hěn duō. Wǒ děngle yí ge xiǎoshí.

医生 问："你 是 不 是 觉得 冷？" 我 说："是。" 他 说：
Yīshēng wèn: "Nǐ shì bu shì juéde lěng?" Wǒ shuō: "Shì." Tā shuō:

"你 最好 请假。回去 多 睡觉，多 喝水。"
"Nǐ zuìhǎo qǐngjià. Huíqu duō shuìjiào, duō hē shuǐ."

下午 我 没 去 学校，在 家 一边 听 网 上 的 课，
Xiàwǔ wǒ méi qù xuéxiào, zài jiā yìbiān tīng wǎng shang de kè,

一边 等 妈妈 回 家。
yìbiān děng māma huí jiā.

晚上 7 点 40 分，妈妈 回来 了，和 她 在 一起，我
Wǎnshang qī diǎn sìshí fēn, māma huílai le, hé tā zài yìqǐ, wǒ

觉得 病 好了 一半。
juéde bìng hǎole yíbàn.

🐼 **単語** `track 71`

生 // 病 shēngbìng	病気になる	请 // 假 qǐngjià	休暇をもらう
病 bìng 動	病気になる	回去 huíqu	帰っていく
上 // 班 shàngbān	出勤する	一边 yìbiān 副	しながら
看 // 病 kànbìng	診察を受ける、診察する	听 tīng 動	聴く
等 děng 動	待つ	网上 wǎng shang	インターネット上
小时 xiǎoshí 名	…時間	点 diǎn 量	（1日の時刻を示す）…時
问 wèn 動	尋ねる、問う	回来 huílai	帰ってくる
是不是 shì bu shì	…かどうか	分 fēn 量	…分（時間の単位）
觉得 juéde 動	思う、感じる	一半 yíbàn 数	半分
最好 zuìhǎo 副	…したほうがいい		

48

第九课　生病

🐼 キーワード　"最好"（…したほうがいい）　track 72

① 你最好先洗手。
Nǐ zuìhǎo xiān xǐ shǒu.

まず、手を洗ったほうがいいですよ。

② 你最好早点儿买菜。
Nǐ zuìhǎo zǎodiǎnr mǎi cài.

早めに惣菜を買ったほうがいいですよ。

③ 你最好多穿衣服。
Nǐ zuìhǎo duō chuān yīfu.

もっとたくさん服を着たほうがいいですよ。

④ 你最好去学校。
Nǐ zuìhǎo qù xuéxiào.

学校に行ったほうがいいですよ。

⑤ 你最好休息一会儿。
Nǐ zuìhǎo xiūxi yíhuìr.

少し休んだほうがいいですよ。

⑥ 今天中午最好吃面条儿。
Jīntiān zhōngwǔ zuìhǎo chī miàntiáor.

今日の昼ごはんは麺がいい。

⑦ 你最好和他见面。
Nǐ zuìhǎo hé tā jiànmiàn.

彼と会ったほうがいいですよ。

⑧ 你最好别晚到。
Nǐ zuìhǎo bié wǎn dào.

遅く来ないほうがいいですよ。

⑨ 你最好别说话。
Nǐ zuìhǎo bié shuōhuà.

話をしないほうがいいですよ。

⑩ 你最好别笑。
Nǐ zuìhǎo bié xiào.

笑わないほうがいいですよ。

🐼 単語　track 73

先 xiān 副 まず、先に

洗 xǐ 動 洗う

手 shǒu 名 手

菜 cài 名 野菜、おかず、料理

穿 chuān 動 着る

一会儿 yíhuìr　しばらく、短い時間

别 bié 副 するな

晚 wǎn 形 時間が遅い

说 // 话 shuōhuà　話す

笑 xiào 動 笑う

49

🐼 ポイント

1 変化を表す "了" 「～になった」 track 74

我病了。 Wǒ bìng le.

衣服小了。 Yīfu xiǎo le.

夏天了。 Xiàtiān le.

她 20 岁了。 Tā èrshí suì le.

2 連動文 track 75

　主語が 1 つで、2 つ以上の動詞（句）が連続している文を連動文と言う。動作の行われる順に動詞（句）を並べる。

他去买东西。 Tā qù mǎi dōngxi.

我去上课。 Wǒ qù shàngkè.

我们都不去看电影。 Wǒmen dōu bú qù kàn diànyǐng.

我一个人去看病。 Wǒ yí ge rén qù kànbìng.

3 時間量の言い方 track 76

一个小时	两个小时	三个半小时（3 時間半）
yí ge xiǎoshí	liǎng ge xiǎoshí	sān ge bàn xiǎoshí

一天（1 日）	两天	一个星期（1 週間）	两个星期
yì tiān	liǎng tiān	yí ge xīngqī	liǎng ge xīngqī

一个月（1 か月）	两个月	半年	一年	五年
yí ge yuè	liǎng ge yuè	bàn nián	yì nián	wǔ nián

主語 ＋ 動詞 ＋ 時間量 （＋目的語）

他昨天睡了八个小时觉。 Tā zuótiān shuìle bā ge xiǎoshí jiào.

我想去中国学半年汉语。 Wǒ xiǎng qù Zhōngguó xué bàn nián Hànyǔ.

我请了三天假。 Wǒ qǐngle sān tiān jià.

▶ただし、目的語が人である場合、時間量は目的語の後に置く。

我等了他一个小时。 Wǒ děngle tā yí ge xiǎoshí.

50

第九課　生病

4 反復疑問文　track 77

動詞 / 形容詞 / 助動詞の肯定形　＋　否定形

文末に"吗"はつけない。

你是不是上海人? Nǐ shì bu shì Shànghǎirén?

你喝不喝咖啡? Nǐ hē bu hē kāfēi?

今天热不热? Jīntiān rè bu rè?

你想不想吃面条儿? Nǐ xiǎng bu xiǎng chī miàntiáor?

▶ "也""都""很""非常"等の範囲や程度を表す副詞がある時は、反復疑問文を作る
　　ことができない。

×他们都是不是老师?　　　○ 他们是不是老师?

5 介詞"在"　track 78

"在"＋場所を表す語＋動詞句　　「…で」

我在家看书。Wǒ zài jiā kàn shū.

他在学校学习。Tā zài xuéxiào xuéxí.

我不在这儿喝茶。Wǒ bú zài zhèr hē chá.

6 "一边…一边"　「…しながら…する」　track 79

我一边吃饭，一边看电视。Wǒ yìbiān chīfàn, yìbiān kàn diànshì.

他一边学习，一边喝咖啡。Tā yìbiān xuéxí, yìbiān hē kāfēi.

她一边看，一边笑。Tā yìbiān kàn, yìbiān xiào.

🐼 ドリル

一、次の単語のピンインを書いてください。

① 生病 _____   ② 一半 _____   ③ 上班 _____

④ 看病 _____   ⑤ 一会儿 _____   ⑥ 等 _____

⑦ 觉得 _____   ⑧ 最好 _____   ⑨ 请假 _____

⑩ 一边 _____   ⑪ 洗 _____   ⑫ 手 _____

⑬ 菜 _____   ⑭ 穿 _____   ⑮ 说话 _____

二、本文の内容に基づき質問に答えましょう。 `track 80`

1. 王明去哪儿了？ _____
   Wáng Míng qù nǎr le?

2. 王明觉得冷吗？ _____
   Wáng Míng juéde lěng ma?

3. 医生说多喝什么？ _____
   Yīshēng shuō duō hē shénme?

4. 王明去学校了吗？ _____
   Wáng Míng qù xuéxiào le ma?

5. 王明在医院等了几个小时？ _____
   Wáng Míng zài yīyuàn děngle jǐ ge xiǎoshí?

三、実際の状況に基づき中国語で答えてください。 `track 81`

1. 你生病去医院吗？ _____
   Nǐ shēngbìng qù yīyuàn ma?

2. 你爸爸妈妈今天上班了吗？ _____
   Nǐ bàba māma jīntiān shàngbān le ma?

3. 你今天觉得冷吗？ _____
   Nǐ jīntiān juéde lěng ma?

4. 你在家听网上的课吗？ _____
   Nǐ zài jiā tīng wǎng shang de kè ma?

5. 你爸爸几点回家？ _____
   Nǐ bàba jǐ diǎn huí jiā?

第九课 生病

四、本文の内容に基づいて空欄を埋めましょう。

今天早上我＿＿＿了。爸爸妈妈都＿＿＿＿＿＿＿了，我一个人去＿＿＿＿＿＿。医院里人很多。我＿＿＿了一个＿＿＿＿＿＿。

医生＿＿＿＿："你是不是觉得冷?"我说："是。"他说："你＿＿＿＿＿＿＿

＿＿＿＿＿＿。＿＿＿＿＿＿＿多睡觉，多喝水。"

下午我没去学校，在家＿＿＿＿＿＿听网上的课，＿＿＿＿＿＿＿等妈妈回家。

晚上 7 ＿＿＿ 40 ＿＿＿，妈妈＿＿＿＿＿＿了，和她在一起，我觉得病好了

＿＿＿＿＿＿。

五、次の文を中国語に訳してください。

1. 今朝、私は病気になりました。 ＿＿＿＿＿＿＿＿＿＿＿＿＿＿＿＿＿＿＿＿＿＿

2. 私は１時間待ちました。 ＿＿＿＿＿＿＿＿＿＿＿＿＿＿＿＿＿＿＿＿＿＿＿＿

3. 午後、私は学校に行きませんでした。 ＿＿＿＿＿＿＿＿＿＿＿＿＿＿＿＿＿＿

4. 君は休暇を取ったほうがいいですよ。 ＿＿＿＿＿＿＿＿＿＿＿＿＿＿＿＿＿

5. 病気が半分治ったと思います。 ＿＿＿＿＿＿＿＿＿＿＿＿＿＿＿＿＿＿＿＿

6. たくさん寝て、水をたくさん飲みます。 ＿＿＿＿＿＿＿＿＿＿＿＿＿＿＿＿＿

六、下線部を他の語に置き換えて練習しましょう。

一边吃饭，一边喝水。

（看书／等妹妹　　说话／洗手　　看电视／喝咖啡）

七、本文をタイピングしてください。

53

発音練習　track 82

bàntiān
半天
（半日、長い間）

diànshìjī
电视机
（テレビ）

diànyǐngyuàn
电影院
（映画館）

dì
地
（土地、地面）

dìdiǎn
地点
（地点）

dìfang
地方
（場所）

dìshang
地上
（地面）

dòng
动
（動く）

dòngzuò
动作
（動作）

fàndiàn
饭店
（ホテル）

fángzi
房子
（家）

kèběn
课本
（教科書）

kèwén
课文
（教科書の文章）

lóu shàng
楼上
（階上）

nánháir
男孩儿
（男の子）

nánpéngyou
男朋友
（ボーイフレンド）

nánrén
男人
（男性）

zuǒ
左
（左）

fēi
飞
（飛ぶ）

コラム

日本の文学作品は中国でとても人気がある。村上春樹、東野圭吾、渡辺淳一、松本清張などの日本の作家は中国でも有名である。中国の書店に入ると、彼らの翻訳本がたくさん並んでいる。そのほかに、日本のアニメ、映画、ドラマも中国でとても人気がある。最近では、宮崎駿が監督したアニメ『君たちはどう生きるか』が中国で大ヒットした。

第十课

di shí kè

你在干什么呢?

Nǐ zài gàn shénme ne?

🐼 本文　track 83

王明：你 在 干 什么 呢?
Nǐ zài gàn shénme ne?

山本：看 书 呢。
Kàn shū ne.

王明：是 去年 我 送 你 的 那 本，还是 昨天 你 买 的 那 本?
Shì qùnián wǒ sòng nǐ de nà běn, háishi zuótiān nǐ mǎi de nà běn?

山本：都 不 是。我 在 看 手机 里 的 "书" 呢。
Dōu bú shì. Wǒ zài kàn shǒujī li de "shū" ne.

王明：是 网 上 的 书 啊，我 也 正在 网 上 看 去 新 书店
Shì wǎng shang de shū a, wǒ yě zhèngzài wǎng shang kàn qù xīn shūdiàn

　　　的 地图。
de dìtú.

山本：用 手机 还 能 买 票，车票、门票、机票 都 能 买。
Yòng shǒujī hái néng mǎi piào, chēpiào、 ménpiào、 jīpiào dōu néng mǎi.

王明：手机 真 有用!
Shǒujī zhēn yǒuyòng!

🐼 単語　track 84

在 zài 副 …している	书店 shūdiàn 名 書店
干 gàn 動 やる、する	地图 dìtú 名 地図
呢 ne 助 …している	用 yòng 動 用いる
书 shū 名 本	还 hái 副 また、さらに
去年 qùnián 名 去年	能 néng 助動 できる
送 sòng 動 贈る	票 piào 名 切符、チケット
还是 háishi 接 …か、それとも…か　副 やはり	车票 chēpiào 名 列車やバスの切符
手机 shǒujī 名 携帯電話	门票 ménpiào 名 入場券
啊 a 助 感嘆、疑問、催促などのニュアンスを表す	机票 jīpiào 名 航空券
正在 zhèngzài 副 ちょうど…しているところだ	真 zhēn 副 実に
新 xīn 形 新しい	有用 yǒuyòng 動 役に立つ

🐼 キーワード "还是"（選択疑問文：…、それとも…?） track 85

① 你喝茶，还是喝咖啡?
Nǐ hē chá, háishi hē kāfēi?

あなたはお茶を飲みますか、それともコーヒーを飲みますか。

② 他是日本人，还是中国人?
Tā shì Rìběnrén, háishi Zhōngguórén?

彼は日本人ですか、それとも中国人ですか。

③ 你去机场，还是去车站?
Nǐ qù jīchǎng, háishi qù chēzhàn?

あなたは空港に行きますか、それとも駅に行きますか。

④ 他是你哥哥，还是你弟弟?
Tā shì nǐ gēge, háishi nǐ dìdi?

彼はあなたのお兄さんですか、それとも弟ですか。

⑤ 你今天在家，还是在学校?
Nǐ jīntiān zài jiā, háishi zài xuéxiào?

あなたは今日家にいますか、それとも学校にいますか。

⑥ 她是小学生，还是中学生?
Tā shì xiǎoxuéshēng, háishi zhōngxuéshēng?

彼女は小学生ですか、それとも中学生ですか。

⑦ 你们是老师，还是学生?
Nǐmen shì lǎoshī, háishi xuésheng?

あなたがたは先生ですか、それとも学生ですか。

⑧ 男同学多，还是女同学多?
Nán tóngxué duō, háishi nǚ tóngxué duō?

男子生徒が多いですか、それとも女子生徒が多いですか。

⑨ 手机贵，还是电脑贵?
Shǒujī guì, háishi diànnǎo guì?

携帯が高いですか、それともパソコンが高いですか。

⑩ 你想吃肉，还是想吃鸡蛋?
Nǐ xiǎng chī ròu, háishi xiǎng chī jīdàn?

あなたは肉を食べたいですか、それとも卵を食べたいですか。

🐼 単語 track 86

日本人 Rìběnrén 名 日本人

中国人 Zhōngguórén 名 中国人

机场 jīchǎng 名 空港

车站 chēzhàn 名 駅、バス停

小学生 xiǎoxuéshēng 名 小学生

中学生 zhōngxuéshēng 名 中学生と高校生

男 nán 形 男の

同学 tóngxué 名 同級生、クラスメート

女 nǚ 形 女の

肉 ròu 名 肉

鸡蛋 jīdàn 名 卵

第十课　你在干什么呢?

🐼 ポイント

1 動作の進行を表す "在…呢"、"正在…呢" track 87

"在" + 動詞 (句) + "呢"　　「…している」

"正在" + 動詞 (句) + "呢"　　「ちょうど…しているところだ」

"在" "正在" "呢" のいずれか一つだけ用いてもよい。

他在学习呢。Tā zài xuéxí ne.

我正在喝茶呢。Wǒ zhèngzài hē chá ne.

你在干什么呢? Nǐ zài gàn shénme ne?

我们学习呢。Wǒmen xuéxí ne.

2 "的" の用法 (2) track 88

形容詞 (句) + "的" + 名詞

很新的书 hěn xīn de shū　　　便宜的钱包 piányi de qiánbāo

新书 xīn shū　　　小钱包 xiǎo qiánbāo　　　热咖啡 rè kāfēi

▶一音節の形容詞の場合は一般的に "的" を省略する。

動詞 (句) + "的" + 名詞

你昨天买的书在桌子上。Nǐ zuótiān mǎi de shū zài zhuōzi shang.

哥哥买的电脑很贵。Gēge mǎi de diànnǎo hěn guì.

姐姐买的鸡蛋很大。Jiějie mǎi de jīdàn hěn dà.

3 助動詞 "能" 「できる」 track 89

能力、条件から「できる」ことを表し、否定は "不能" を使う。

你能来吗? Nǐ néng lái ma?

他不能吃鸡蛋。Tā bù néng chī jīdàn.

我能找到钱包。Wǒ néng zhǎodào qiánbāo.

57

ドリル

一、次の単語のピンインを書いてください。

① 去年 _____　② 门票 _____　③ 手机 _____

④ 书店 _____　⑤ 地图 _____　⑥ 车票 _____

⑧ 机票 _____　⑧ 有用 _____　⑨ 中国人 _____

⑩ 机场 _____　⑪ 车站 _____　⑫ 日本人 _____

⑬ 小学生 _____　⑭ 同学 _____　⑮ 鸡蛋 _____

二、本文の内容に基づき質問に答えましょう。 `track 90`

1. 山本在干什么？ _____
   Shānběn zài gàn shénme?

2. 王明在干什么？ _____
   Wáng Míng zài gàn shénme?

3. 用手机能买什么？ _____
   Yòng shǒujī néng mǎi shénme?

4. 王明觉得手机有用吗？ _____
   Wáng Míng juéde shǒujī yǒuyòng ma?

三、実際の状況に基づき中国語で答えてください。 `track 91`

1. 你昨天晚上 8 点在干什么呢？ _____
   Nǐ zuótiān wǎnshang bā diǎn zài gàn shénme ne?

2. 你在网上买票吗？ _____
   Nǐ zài wǎng shang mǎi piào ma?

3. 你在书店买书吗？ _____
   Nǐ zài shūdiàn mǎi shū ma?

4. 你用手机看书吗？ _____
   Nǐ yòng shǒujī kàn shū ma?

5. 你用手机看地图吗？ _____
   Nǐ yòng shǒujī kàn dìtú ma?

6. 老师正在干什么？ _____
   Lǎoshī zhèngzài gàn shénme?

第十课　你在干什么呢?

四、本文の内容に基づいて空欄を埋めましょう。

王明：你在干什么呢?

山本：看____呢。

王明：是_____我____你的那本，_____昨天你买的那本?

山本：都不是。我在看_____里的"书"呢。

王明：是网上的书啊，我也_____网上看去____ _____的_____。

山本：____手机____ ____买____，_____、_____、_____都能买。

王明：手机____ _____!

五、次の文を中国語に訳してください。

1. 何をしているのですか? _____

2. 本を読んでいます。 _____

3. 私は携帯電話で「本」を読んでいます。 _____

4. 私は地図を見ています。 _____

5. どちらも違います。 _____

6. 携帯電話で航空券を購入できます。 _____

六、下線部を他の語に置き換えて練習しましょう。

你在干什么呢?

（看　　买　　吃　　喝　　洗　　找　　想）

七、本文をタイピングしてください。

発音練習 track 92

fàngxué 放学 （授業が終わる）	běnzi 本子 （ノート）	biéde 别的 （他の）	biérén 别人 （他人）
bìngrén 病人 （病人）	chà 差 （不足する）	cháng 常 （いつも）	chàng 唱 （歌う）
huí 回 （戻る）	huídào 回到 （…に戻る）	huǒchē 火车 （汽車）	jiā li 家里 （家の中）
jiàoxuélóu 教学楼 （教室棟）	jì 记 （覚える）	jìzhù 记住 （しっかり記憶する）	jiàn 见 （会う）
jīnnián 今年 （今年）	jìn 进 （入る）	jìnlai 进来 （入ってくる）	jìnqu 进去 （入っていく）

コラム

中国の「一人っ子政策」は 1979 年に始まった。人口の増加を抑制するために、一組の夫婦につき、一人の子供しか生むことができない。この政策は 2015 年に修正され、2016 年にすべての夫婦に第二子の出産を認める「二人っ子政策」を実施し、2021 年にはさらに「第三子の出産」が認められた。

第十一课
dì shíyī kè

怎么去
zěnme qù

🐼 **本文** `track 93`

后天 爸爸 和 妈妈 一起 去 天津。从 我 家 到 那儿 很
Hòutiān bàba hé māma yìqǐ qù Tiānjīn. Cóng wǒ jiā dào nàr hěn

远。爸爸 会 开车，想 开车 去，妈妈 觉得 开车 慢，坐
yuǎn. Bàba huì kāichē, xiǎng kāichē qù, māma juéde kāichē màn, zuò

飞机 快，想 坐 飞机 去。
fēijī kuài, xiǎng zuò fēijī qù.

吃 晚饭 的 时候，我 问 他们 怎么 去，爸爸 回答 还是
Chī wǎnfàn de shíhou, wǒ wèn tāmen zěnme qù, bàba huídá háishi

坐 飞机 去。
zuò fēijī qù.

现在 他们 正 准备 东西 呢。我 和 哥哥 在 准备
Xiànzài tāmen zhèng zhǔnbèi dōngxi ne. Wǒ hé gēge zài zhǔnbèi

明天 的 考试。
míngtiān de kǎoshì.

四 个 人 都 很 忙。
Sì ge rén dōu hěn máng.

🐼 **単語** `track 94`

怎么 zěnme 代 どのように	快 kuài 形 速い
后天 hòutiān 名 明後日	晚饭 wǎnfàn 名 夕食
天津 Tiānjīn 名 天津	时候 shíhou 名 …の時
从 cóng 介 …から	回答 huídá 動 回答する
那儿 nàr 代 そこ、あそこ	现在 xiànzài 名 現在
远 yuǎn 形 遠い	正 zhèng 副 ちょうど
会 huì 助動 …できる	准备 zhǔnbèi 動 準備する
开 // 车 kāichē 車を運転する	考 // 试 kǎoshì 名 試験をする、試験を受ける

🐼 キーワード "还是"（やはり、やっぱり） track 95

① 还是饺子好吃。
Háishi jiǎozi hǎochī.

やはり餃子が美味しいです。

② 还是住饭店干净。
Háishi zhù fàndiàn gānjìng.

やはりホテルに泊まるのが清潔です。

③ 还是吃早饭吧。
Háishi chī zǎofàn ba.

やはり朝ごはんを食べましょう。

④ 还是一起去吧。
Háishi yìqǐ qù ba.

やはり一緒に行きましょう。

⑤ 外边很热，还是在家看电视吧。
Wàibian hěn rè, háishi zài jiā kàn diànshì ba.

外は暑いので、やはり家でテレビを見ましょう。

⑥ 还是今天天气好。
Háishi jīntiān tiānqì hǎo.

やはり今日は天気がいいです。

⑦ 还是去外边玩儿吧。
Háishi qù wàibian wánr ba.

やはり外に行って遊びましょう。

⑧ 还是你问吧。
Háishi nǐ wèn ba.

やはりあなたが聞いてください。

⑨ 还是我拿吧。
Háishi wǒ ná ba.

やはり私が持ちましょう。

⑩ 左边没人，还是坐左边吧。
Zuǒbian méi rén, háishi zuò zuǒbian ba.

左側は人がいないので、やはり左側に座ってください。

🐼 単語 track 96

饺子 jiǎozi 名 餃子

早饭 zǎofàn 名 朝食

住 zhù 動 住む、泊まる

天气 tiānqì 名 天気

饭店 fàndiàn 名 ホテル、レストラン

玩儿 wánr 動 遊ぶ

干净 gānjìng 形 清潔である

拿 ná 動 持つ

第十一课　怎么去

🐼 ポイント

1 介詞 "从"　起点を表す「…から」　track 97

从我家到那儿。 Cóng wǒ jiā dào nàr.

从 8 点到 12 点。 Cóng bā diǎn dào shí'èr diǎn.

从小学生到中学生。 Cóng xiǎoxuéshēng dào zhōngxuéshēng.

2 助動詞 "会"　「できる」　track 98

　学習や訓練、つまり習得することによって「…できる」。

我会说汉语。 Wǒ huì shuō Hànyǔ.

爸爸会开车，妈妈不会开车。 Bàba huì kāichē, māma bú huì kāichē.

3 "…的时候"　「…（の）時」　track 99

吃饭的时候，看电视。 Chīfàn de shíhou, kàn diànshì.

在家的时候，喜欢喝咖啡。 Zài jiā de shíhou, xǐhuan hē kāfēi.

下课的时候，我很饿。 Xiàkè de shíhou, wǒ hěn è.

4 二重目的語をとる動詞　track 100

主語 ＋ 動詞 ＋ 目的語（人）＋ 目的語（もの・こと）

我问他们怎么去。 Wǒ wèn tāmen zěnme qù.

他送我一本书。 Tā sòng wǒ yì běn shū.

▶ "告诉 gàosu"（知らせる）、"还 huán"（返す）、"教 jiāo"（教える）なども二重目的
　語をとることができる動詞である。

63

ドリル

一、次の単語のピンインを書いてください。

① 后天 _____　② 那儿 _____　③ 开车 _____

④ 晚饭 _____　⑤ 回答 _____　⑥ 现在 _____

⑦ 准备 _____　⑧ 考试 _____　⑨ 饺子 _____

⑩ 饭店 _____　⑪ 干净 _____　⑫ 早饭 _____

⑬ 天气 _____　⑭ 玩儿 _____　⑮ 拿 _____

二、本文の内容に基づき質問に答えましょう。　track 101

1. 王明的爸爸妈妈后天去哪儿？ _____
   Wáng Míng de bàba māma hòutiān qù nǎr?

2. 王明的爸爸想怎么去？ _____
   Wáng Míng de bàba xiǎng zěnme qù?

3. 王明的妈妈想怎么去？ _____
   Wáng Míng de māma xiǎng zěnme qù?

4. 现在王明的爸爸妈妈在干什么？ _____
   Xiànzài Wáng Míng de bàba māma zài gàn shénme?

5. 王明和哥哥在干什么？ _____
   Wáng Míng hé gēge zài gàn shénme?

6. 王明什么时候考试？ _____
   Wáng Míng shénme shíhou kǎoshì?

三、実際の状況に基づき中国語で答えてください。　track 102

1. 你想去天津吗？ _____
   Nǐ xiǎng qù Tiānjīn ma?

2. 你爸爸妈妈会开车吗？ _____
   Nǐ bàba māma huì kāichē ma?

3. 吃饭的时候，你看电视吗？ _____
   Chīfàn de shíhou, nǐ kàn diànshì ma?

4. 你今天忙吗？ _____
   Nǐ jīntiān máng ma?

5. 你会开车吗？ _____
   Nǐ huì kāichē ma?

第十一课　怎么去

四、本文の内容に基づいて空欄を埋めましょう。

_____爸爸和妈妈一起去天津。____我家到_____很____。爸爸

____ _____，想开车去，妈妈觉得开车慢，坐飞机____，想坐飞机去。

吃_____的_____，我____他们怎么去，爸爸_____还是坐飞机去。

_____他们正_____东西呢。我和哥哥在准备明天的_____。

四个人都很忙。

五、次の文を中国語に訳してください。

1. 父と母は明後日一緒に天津へ行きます。 _____

2. 私の家からは遠いです。 _____

3. 父は飛行機で行くと答えました。 _____

4. 兄は明日の試験の準備をしています。 _____

5. お母さんは飛行機で行きたいです。 _____

6. 4 人とも大忙しです。 _____

六、下線部を他の語に置き換えて練習しましょう。

上课的时候，他有点儿饿。

（吃饭／渴　　生病／冷　　回家／累）

七、本文をタイピングしてください。

発音練習　track 103

chū
出
（出る）

chūlai
出来
（出てくる）

chūqu
出去
（出ていく）

xíng
行
（よろしい）

yǒumíng
有名
（有名である）

zhàn
站
（駅）

dǎ
打
（打つ、殴る）

dǎkāi
打开
（開ける）

zhōngjiān
中间
（中間）

nǎi
奶
（ミルク）

yǒuxiē
有些
（いくつかの）

nǔpéngyou
女朋友
（ガールフレンド）

nánshēng
男生
（男子学生）

nán
难
（難しい）

pǎo
跑
（走る）

コラム

中国のバレンタインデーは旧暦の七月七日である。この日、愛し合う二人は予約したレストランでロマンチックな夕食を共にし、お互いにプレゼントを贈り合う。その日、花屋さんは商売繁盛で、花は早々に売り切れてしまう。花を贈る数は9輪、99輪、999輪がよい。なぜなら9と久が同じ音で、永遠の愛を表すからである。

第十二课 *dì shí'èr kè*

下雨了
Xià yǔ le

🐼 **本文** `track 104`

王明：下雨了，马上回家吧。
Xià yǔ le, mǎshàng huí jiā ba.

山本：你先走，雨小了我再走。
Nǐ xiān zǒu, yǔ xiǎo le wǒ zài zǒu.

王明：你家比我家远，早点儿回去吧。
Nǐ jiā bǐ wǒ jiā yuǎn, zǎodiǎnr huíqu ba.

山本：今天忘了钱包，我在这儿等妹妹来，跟她
Jīntiān wàngle qiánbāo, wǒ zài zhèr děng mèimei lái, gēn tā

一起回家。
yìqǐ huí jiā.

王明：我有时也忘东西，和你一样。
Wǒ yǒushí yě wàng dōngxi, hé nǐ yíyàng.

山本：关上门吧，太冷了。
Guānshang mén ba, tài lěng le.

王明：多穿点儿，别生病了。
Duō chuān diǎnr, bié shēngbìng le.

🐼 **単語** `track 105`

下雨 xià yǔ　雨が降る

马上 mǎshàng 副 すぐに

走 zǒu 動 歩く、行く

比 bǐ 介 …より

忘 wàng 動 忘れる

跟 gēn 介 …と

有时 yǒushí 副 時には

一样 yíyàng 形 同じである

关上 guānshang　閉じる

门 mén 名 門、ドア

67

🐼 キーワード "有时"（時には、ある時は） track 106

① 我有时在家，有时在学校。
Wǒ yǒushí zài jiā, yǒushí zài xuéxiào.

私は家にいる時もあれば、学校にいる時もあります。

② 他有时喝茶，有时喝咖啡。
Tā yǒushí hē chá, yǒushí hē kāfēi.

彼はお茶を飲む時もあれば、コーヒーを飲む時もあります。

③ 我有时去北京，有时去上海。
Wǒ yǒushí qù Běijīng, yǒushí qù Shànghǎi.

私は北京に行くこともあれば、上海に行くこともあります。

④ 他有时看书，有时看电影。
Tā yǒushí kàn shū, yǒushí kàn diànyǐng.

彼は本を読む時もあれば、映画を見る時もあります。

⑤ 我姐姐有时工作，有时休息。
Wǒ jiějie yǒushí gōngzuò, yǒushí xiūxi.

私の姉は仕事をする時もあれば、休む時もあります。

⑥ 天气有时好，有时坏。
Tiānqì yǒushí hǎo, yǒushí huài.

天気はよかったり悪かったりします。

⑦ 东京有时热，有时冷。
Dōngjīng yǒushí rè, yǒushí lěng.

東京は暑い時も寒い時もあります。

⑧ 爷爷有时生气，有时高兴。
Yéye yǒushí shēngqì, yǒushí gāoxìng.

祖父は怒る時もあれば、喜んでいる時もあります。

⑨ 我有时多吃，有时少吃。
Wǒ yǒushí duō chī, yǒushí shǎo chī.

私は多めに食べる時も、少なめに食べる時もあります。

⑩ 星期天，我有时看电视，有时上网。
Xīngqītiān, wǒ yǒushí kàn diànshì, yǒushí shàngwǎng.

日曜日、私はテレビを見る時もあれば、ネットにアクセスする時もあります。

🐼 単語 track 107

上海 Shànghǎi 名 上海	东京 Dōngjīng 名 東京
工作 gōngzuò 動 仕事をする	少 shǎo 形 少ない
坏 huài 形 悪い	上 // 网 shàngwǎng インターネットに接続する
热 rè 形 熱い、暑い	

第十二课　下雨了

🐼 ポイント

1 非主述文（主語がない文）　track 108

下雨了。Xià yǔ le.　（自然現象）

下雪了。Xià xuě le.　（自然現象）

车！Chē!　　　　（その他）

2 "先…再" 「まず…それから…」　track 109

先看书，再吃饭。Xiān kàn shū, zài chīfàn.

先喝咖啡，再工作。Xiān hē kāfēi, zài gōngzuò.

你先说，我再说。Nǐ xiān shuō, wǒ zài shuō.

3 比較の "比" 「…より」　track 110

A ＋ "比" ＋ B ＋ 形容詞（＋ 差の量）

　否定は "没有" を使う。

今天比昨天冷。Jīntiān bǐ zuótiān lěng.

昨天没有今天冷。Zuótiān méiyǒu jīntiān lěng.

这个比那个贵。Zhège bǐ nàge guì.

那个没有这个贵。Nàge méiyǒu zhège guì.

她比我大一岁。Tā bǐ wǒ dà yí suì.

我没有她大。Wǒ méiyǒu tā dà.

🐼 ドリル

一、次の単語のピンインを書いてください。

① 下雨 ＿＿＿＿＿＿　② 马上 ＿＿＿＿＿＿　③ 比 ＿＿＿＿＿＿

④ 忘 ＿＿＿＿＿＿　⑤ 跟 ＿＿＿＿＿＿　⑥ 有时 ＿＿＿＿＿＿

⑦ 一样 ＿＿＿＿＿＿　⑧ 关上 ＿＿＿＿＿＿　⑨ 门 ＿＿＿＿＿＿

⑩ 走 ＿＿＿＿＿＿　⑪ 热 ＿＿＿＿＿＿　⑫ 东京 ＿＿＿＿＿＿

⑬ 工作 ＿＿＿＿＿＿　⑭ 上网 ＿＿＿＿＿＿　⑮ 少 ＿＿＿＿＿＿

二、本文の内容に基づき質問に答えましょう。 `track 111`

1. 王明想马上干什么？ ＿＿＿＿＿＿＿＿＿＿＿＿＿＿
   Wáng Míng xiǎng mǎshàng gàn shénme?

2. 山本在等谁？ ＿＿＿＿＿＿＿＿＿＿＿＿＿＿
   Shānběn zài děng shéi?

3. 山本忘了什么？ ＿＿＿＿＿＿＿＿＿＿＿＿＿＿
   Shānběn wàngle shénme?

4. 王明家远，还是山本家远？ ＿＿＿＿＿＿＿＿＿＿＿＿
   Wáng Míng jiā yuǎn, háishi Shānběn jiā yuǎn?

三、実際の状況に基づき中国語で答えてください。 `track 112`

1. 下雨时你马上回家吗？ ＿＿＿＿＿＿＿＿＿＿＿＿
   Xià yǔ shí nǐ mǎshàng huí jiā ma?

2. 你有妹妹吗？ ＿＿＿＿＿＿＿＿＿＿＿＿＿＿
   Nǐ yǒu mèimei ma?

3. 你喜欢下雨吗？ ＿＿＿＿＿＿＿＿＿＿＿＿＿＿
   Nǐ xǐhuan xià yǔ ma?

4. 今天比昨天冷吗？ ＿＿＿＿＿＿＿＿＿＿＿＿＿＿
   Jīntiān bǐ zuótiān lěng ma?

第十二课　下雨了

四、本文の内容に基づいて空欄を埋めましょう。

王明：下雨了，_____回家吧。

山本：你先走，雨小了我再走。

王明：你家____我家远，早点儿回去吧。

山本：今天____了钱包，我在这儿等妹妹来，____她一起回家。

王明：我_____也忘东西，和你_____。

山本：_____ ____吧，太冷了。

王明：多穿点儿，别生病了。

五、次の文を中国語に訳してください。

1. 雨が降っているので、すぐに帰りましょう。 _____

2. 雨が止んだら行きます。 _____

3. あなたの家は私の家より遠いです。 _____

4. 早く帰りなさい。 _____

5. 今日は財布を忘れました。 _____

6. 病気にならないように、もっと服を着てください。 _____

六、下線部を他の語に置き換えて練習しましょう。

你先吃吧。

（回家　　去　　说　　准备　　问　　走）

七、本文をタイピングしてください。

発音練習　track 113

hòubian 后边 （後）	fēn 分 （…分）	fēng 风 （風）	gān 干 （乾いている）
diàn 电 （電気）	báitiān 白天 （昼間）	bāng 帮 （手伝う）	bāngmáng 帮忙 （手伝う）
bān 班 （クラス）	chángcháng 常常 （いつも）	chē shang 车上 （車上）	chuáng 床 （ベッド）
yíkuàir 一块儿 （一緒に）	zuò 做 （する）	qiú 球 （ボール）	xué 学 （学ぶ）
xiǎoxué 小学 （小学校）	yǒushíhou 有时候 （時には…）	yè 页 （ページ）	zuì 最 （最も）

コラム

中国は夫婦別姓で、女性は結婚しても夫の苗字に変えることはない。専業主婦になる女性も少なく、大多数の女性は定年まで働く。中国人の女性はおおむね比較的率直で、回りくどい話し方はしない。彼女たちを表す言葉に“刀子嘴，豆腐心”（口はきついが心根はやさしい）というものがある。

単語一覧

A

啊 a [助] 感嘆、疑問、催促などのニュアンスを表す 55

B

爸爸 bàba [名] お父さん 20
吧 ba [助] 推量、提案・要求を表す 27
白 bái [形] 白い 27
半 bàn [数] 半 50
包子 bāozi [名] 中華まん 29
杯子 bēizi [名] コップ 29
北 běi [名] 北 43
北边 běibian [名] 北 43
北京 Běijīng [名] 北京 21
比 bǐ [介] …より 67
别 bié [副] するな 49
病 bìng [動] 病気になる 48
不用 búyòng [副] …する必要がない 34

C

菜 cài [名] 野菜、おかず、料理 49
茶 chá [名] お茶 20
唱 // 歌 chànggē 歌を歌う 28
车票 chēpiào [名] 列車やバスの切符 55
车站 chēzhàn [名] 駅、バス停 56
吃 chī [動] 食べる 21
吃 // 饭 chīfàn 食事をする 28
穿 chuān [動] 着る 49
从 cóng [介] …から 61

D

打 // 车 dǎchē タクシーに乗る 28
打电话 dǎ diànhuà 電話をかける 28
打球 dǎ qiú 球技をする 34
大 dà [形] 大きい 27
大学生 dàxuéshēng [名] 大学生 20
到 dào [動] 到着する、着く 35
的 de [助] …の 20
等 děng [動] 待つ 48
弟弟 dìdi [名] 弟 23
地图 dìtú [名] 地図 55
点 diǎn [量] （1日の時刻を示す）…時 48
电脑 diànnǎo [名] パソコン 27
电视 diànshì [名] テレビ 21

电影 diànyǐng [名] 映画 21
东 dōng [名] 東 43
东边 dōngbian [名] 東 43
东京 Dōngjīng [名] 東京 68
东西 dōngxi [名] もの 27
冬天 dōngtiān [名] 冬 21
都 dōu [副] みんな、すべて 34
读 // 书 dúshū 読書をする、勉強する 28
多 duō [形] 多い、多く 42

E

饿 è [形] お腹がすいている 42

F

饭店 fàndiàn [名] ホテル、レストラン 62
房间 fángjiān [名] 部屋 29
放 fàng [動] 置く 41
放 // 假 fàngjià 休みになる 35
非常 fēicháng [副] 非常に 34
飞机 fēijī [名] 飛行機 21
分 fēn [量] …分（時間の単位） 48
父亲 fùqin [名] 父、お父さん 23
富士山 Fùshìshān [名] 富士山 42

G

干净 gānjìng [形] 清潔である 62
干 gàn [動] やる、する 55
高 gāo [形] 高い 42
高兴 gāoxìng [形] 嬉しい 34
告诉 gàosu [動] 知らせる 63
哥哥 gēge [名] 兄、お兄さん 23
个 ge [量] 個数を数える 27
跟 gēn [介] …と 67
工作 gōngzuò [動] 仕事をする 68
狗 gǒu [名] 犬 21
关上 guānshang 閉じる 67
贵 guì [形] 値段が高い 27

H

还 hái [副] また、さらに 55
还是 háishi [接] …か、それとも…か [副] やはり 55
孩子 háizi [名] 子供 42
汉语 Hànyǔ [名] 中国語 20
好 hǎo [形] 良い 20
好吃 hǎochī [形] おいしい 42

好看 hǎokàn 　形 きれいである 　27

好玩儿 hǎowánr 　形 おもしろい 　34

号 hào 　名 …日 　36

喝 hē 　動 飲む 　20

和 hé 　介 …と 　27

很 hěn 　副 とても 　27

红 hóng 　形 赤い 　27

后 hòu 　名 後ろ 　43

后边 hòubian 　名 後ろ 　43

后天 hòutiān 　名 明後日 　61

花 huā 　名 花 　42

坏 huài 　形 悪い 　68

还 huán 　動 返す 　63

回答 huídá 　動 回答する 　61

回家 huíjiā 　帰宅する 　28

回来 huílai 　帰ってくる 　48

回去 huíqu 　帰っていく 　48

会 huì 　助動 …できる 　61

J

机场 jīchǎng 　名 空港 　56

机票 jīpiào 　名 航空券 　55

鸡蛋 jīdàn 　名 卵 　56

几 jǐ 　代 いくつ 　34

记得 jìde 　動 覚えている 　41

家 jiā 　名 家 　34

家人 jiārén 　名 家族、身内 　20

见 // 面 jiànmiàn 　顔を合わせる、会う 　34

教 jiāo 　動 教える 　63

饺子 jiǎozi 　名 餃子 　62

叫 jiào 　動 (名前は) …という 　20

姐姐 jiějie 　名 姉、お姉さん 　23

今天 jīntiān 　名 今日 　34

觉得 juéde 　動 思う、感じる 　48

K

咖啡 kāfēi 　名 コーヒー 　27

开 // 车 kāichē 　車を運転する 　61

看 kàn 　動 見る、読む 　21

看 // 病 kànbìng 　診察を受ける、診察する 　48

考 // 试 kǎoshì 　試験をする、試験を受ける 　61

渴 kě 　形 のどが渇いている 　27

快 kuài 　形 速い 　61

L

来 lái 　動 来る 　35

老师 lǎoshī 　名 先生 　20

姥姥 lǎolao 　名 (母方の) 祖母、おばあさん 　23

姥爷 lǎoye 　名 (母方の) 祖父、おじいさん 　23

了 le 　助 完了、変化を表す 　41

累 lèi 　形 疲れている 　41

冷 lěng 　形 寒い 　42

里 lǐ 　名 中 　43

里边 lǐbian 　名 中 　43

两 liǎng 　数 2 　29

M

妈 mā 　名 母、お母さん 　21

妈妈 māma 　名 お母さん 　20

马上 mǎshàng 　副 すぐに 　67

吗 ma 　助 …か (疑問を表す) 　20

买 mǎi 　動 買う 　27

慢 màn 　形 遅い、ゆっくりである 　42

忙 máng 　形 忙しい 　42

猫 māo 　名 猫 　21

没 méi 　副 …しなかった、…していない 　41

妹妹 mèimei 　名 妹 　23

门 mén 　名 門、ドア 　67

门票 ménpiào 　名 入場券 　55

米饭 mǐfàn 　名 ご飯 　21

面包 miànbāo 　名 パン 　21

面条儿 miàntiáor 　名 麺類 　42

明天 míngtiān 　名 明日 　34

母亲 mǔqin 　名 母、お母さん 　23

N

拿 ná 　動 持つ 　62

哪 nǎ 　代 どれ 　29

哪个 nǎge/něige 　代 どの 　29

哪儿 nǎr 　代 どこ 　41

哪些 nǎxiē/něixiē 　代 どれら 　29

那 nà 　接 それでは…、じゃあ 　代 それ、あれ 　27

那边 nàbiān 　代 そこ、あそこ 　41

那个 nàge/nèige 　代 その、あの 　29

那儿 nàr 　代 そこ、あそこ 　61

那些 nàxiē/nèixiē 　代 それら、あれら 　29

奶奶 nǎinai 　名 (父方の) 祖母、おばあさん 　23

男 nán 　形 男の 　56

南 nán 　名 南 　43

南边 nánbian　名 南　43

呢 ne　助 …している　55

能 néng　助動 できる　55

你 nǐ　名 あなた　20

你好 Nǐ hǎo　こんにちは　20

年 nián　名 …年　50

牛奶 niúnǎi　名 牛乳　21

女 nǚ　形 女の　56

P

旁 páng　名 そば　43

旁边 pángbian　名 そば　43

便宜 piányi　形 安い　27

票 piào　名 切符、チケット　55

Q

起 // 床 qǐchuáng　起床する　35

前 qián　名 前　43

前边 qiánbian　名 前　43

钱包 qiánbāo　名 財布　41

请 // 假 qǐngjià　休暇をもらう　48

去 qù　動 行く　28

去年 qùnián　名 去年　55

R

热 rè　形 熱い、暑い　68

人 rén　名 人　42

日 rì　名 …日　36

日本 Rìběn　名 日本　23

日本人 Rìběnrén　名 日本人　56

肉 ròu　名 肉　56

S

山本 Shānběn　名 (姓) 山本　27

上 shàng　名 上　43

上 // 班 shàngbān　出勤する　48

上边 shàngbian　名 上の方　41

上海 Shànghǎi　名 上海　68

上 // 课 shàngkè　授業を受ける、授業をする　34

上 // 网 shàngwǎng　インターネットに接続する　68

上午 shàngwǔ　名 午前　37

少 shǎo　形 少ない　68

谁 shéi　代 だれ　43

什么 shénme　代 何、どんな　41

生 // 病 shēngbìng　病気になる　48

生 // 气 shēngqì　腹を立てる　42

时候 shíhou　名 …の時　61

是 shì　動 …である　20

是不是 shì bu shì　…かどうか　48

手 shǒu　名 手　49

手机 shǒujī　名 携帯電話　55

书 shū　名 本　55

书店 shūdiàn　名 書店　55

水 shuǐ　名 水　27

水果 shuǐguǒ　名 果物　21

睡 // 觉 shuìjiào　寝る、眠る　34

说 // 话 shuōhuà　話す　49

送 sòng　動 贈る　55

岁 suì　量 歳を数える（…歳）　34

T

他 tā　名 彼　20

他们 tāmen　名 彼ら　20

她 tā　名 彼女　20

太…了 tài…le　あまりにも…だ　41

天 tiān　名 …日　50

天津 Tiānjīn　名 天津　61

天气 tiānqì　名 天気　62

听 tīng　動 聴く　48

同学 tóngxué　名 同級生、クラスメート　56

图书馆 túshūguǎn　名 図書館　28

W

外 wài　名 外　43

外边 wàibian　名 外　43

外公 wàigōng　名 (母方の) 祖父、おじいさん　23

外婆 wàipó　名 (母方の) 祖母、おばあさん　23

玩儿 wánr　動 遊ぶ　62

晚 wǎn　形 時間が遅い　49

晚饭 wǎnfàn　名 夕食　61

晚上 wǎnshang　名 夜　34

王明 Wáng Míng　名 (人名) 王明　20

网上 wǎng shang　インターネット上　48

网友 wǎngyǒu　名 インターネット上の友人　34

忘 wàng　動 忘れる　67

问 wèn　動 尋ねる、問う　48

我 wǒ　名 私　20

我们 wǒmen　名 わたしたち　34

午饭 wǔfàn　名 昼食　34

X

西 xī 名 西 43

西边 xībian 名 西 43

洗 xǐ 動 洗う 49

洗手间 xǐshǒujiān 名 トイレ、手洗い 28

喜欢 xǐhuan 動 好きである 20

下 xià 名 下 43

下边 xiàbian 名 下 43

下 // 课 xiàkè 授業が終わる 35

下午 xiàwǔ 名 午後 37

下雨 xià yǔ 雨が降る 67

夏天 xiàtiān 名 夏 21

先 xiān 副 まず、先に 49

现在 xiànzài 名 現在 61

想 xiǎng 助動 …したい、…するつもりだ 27

小 xiǎo 形 小さい 27

小时 xiǎoshí 名 …時間 48

小学生 xiǎoxuéshēng 名 小学生 56

笑 xiào 動 笑う 49

新 xīn 形 新しい 55

星期 xīngqī 名 …週間 50

星期二 xīngqī'èr 名 火曜日 36

星期几 xīngqī jǐ 何曜日？ 36

星期六 xīngqīliù 名 土曜日 36

星期日 xīngqīrì 名 日曜日 36

星期三 xīngqīsān 名 水曜日 36

星期四 xīngqīsì 名 木曜日 36

星期天 xīngqītiān 名 日曜日 34

星期五 xīngqīwǔ 名 金曜日 36

星期一 xīngqīyī 名 月曜日 36

休息 xiūxi 動 休憩する 27

学生 xuésheng 名 学生 20

学习 xuéxí 動 学ぶ 20

学校 xuéxiào 名 学校 34

Y

爷爷 yéye 名 （父方の）祖父、おじいさん 23

也 yě 副 …も 34

一半 yíbàn 数 半分 48

一边 yìbiān 副 しながら 48

一点儿 yìdiǎnr 少し 34

一会儿 yíhuìr しばらく、短い時間 49

一起 yìqǐ 副 一緒に 34

一下儿 yíxiàr ちょっと 27

一样 yíyàng 形 同じである 67

衣服 yīfu 名 服 28

医生 yīshēng 名 医者 20

医院 yīyuàn 名 病院 28

用 yòng 動 用いる 55

有 yǒu 動 ある、持っている 27

有时 yǒushí 副 時には 67

有用 yǒuyòng 動 役に立つ 55

右 yòu 名 右 43

右边 yòubian 名 右 43

远 yuǎn 形 遠い 61

月 yuè 量 …か月 50

Z

在 zài 動 いる、ある 介 …で 34

在 zài 副 …している 55

再 zài 副 また、もう一度、それから 41

早 zǎo 形 早い 34

早饭 zǎofàn 名 朝食 62

早上 zǎoshang 名 朝 37

怎么 zěnme 代 どのように 61

找 zhǎo 動 探す 41

找到 zhǎodào 探し出す、見つける 41

这 zhè 代 これ、それ 29

这边 zhèbiān 代 ここ、そこ 41

这个 zhège/zhèige 代 この、その 27

这里 zhèli 代 ここ、そこ 41

这儿 zhèr 代 ここ、そこ 27

这些 zhèxiē/zhèixiē 代 これら、それら 29

真 zhēn 副 実に 55

真的 zhēnde 本当に 41

正 zhèng 副 ちょうど 61

正在 zhèngzài 副 ちょうど…しているところだ 55

中国 Zhōngguó 名 中国 23

中国人 Zhōngguórén 名 中国人 56

中午 zhōngwǔ 名 正午 34

中学生 zhōngxuéshēng 名 中学生と高校生 56

住 zhù 動 住む、泊まる 62

准备 zhǔnbèi 動 準備する 61

桌子 zhuōzi 名 机 41

走 zǒu 動 歩く、行く 67

祖父 zǔfù 名 （父方の）祖父、おじいさん 23

祖母 zǔmǔ 名 （父方の）祖母、おばあさん 23

最好 zuìhǎo 副 …したほうがいい 48

昨天 zuótiān 名 昨日 37

左 zuǒ 名 左 43

左边 zuǒbian 名 左 43

坐 zuò 動 （乗り物に）乗る、座る 21

著者略歴

安明姫（あん　めいき）
中国・遼寧省生まれ。早稲田大学大学院博士後期課程単位取得退
学。大学講師。主な著書に『HSK6級　読む聴く覚える2500』『HSK5
級　読む聴く覚える1300』（いずれも共著、東方書店）などがある。

田芳（てん　ほう）
中国・北京生まれ。二松学舎大学大学院博士後期課程単位取得退
学。大学講師。主な著書に『標準中国語作文』『HSK6級　読む聴
く覚える2500』『HSK5級　読む聴く覚える1300』（いずれも共著、
東方書店）などがある。

吹き込み
胡興智　田芳

エスプレッソ初級中国語

2025年3月31日　初版第1刷発行

著　　者●安明姫・田芳
発行者●間宮伸典
発行所●株式会社東方書店
　　　　東京都千代田区神田神保町1-3　〒101-0051
　　　　電話03-3294-1001　営業電話03-3937-0300
装幀・レイアウト●森田恭行（キガミッツ）
印刷・製本●ダイヤモンド・グラフィック社
音声製作●中録新社

定価は表紙に表示してあります。

©2025　安明姫・田芳　Printed in Japan
ISBN978-4-497-22504-7 C3087

乱丁・落丁本はお取り替え致します。恐れ入りますが直接本社へご郵送ください。
Ⓡ本書を無断で複写複製（コピー）することは、著作権法上での例外を除き、禁
じられています。本書をコピーされる場合は、事前に日本複製権センター（JRRC）
の許諾を受けてください。
JRRC〈https://www.jrrc.or.jp　Eメール：info@jrrc.or.jp　電話：03-3401-2382〉
小社ホームページ〈中国・本の情報館〉で小社出版物のご案内をしております。
https://www.toho-shoten.co.jp/

好評発売中
（価格 10％税込）

東方中国語辞典

相原茂・荒川清秀・大川完三郎主編／中国人の身近なことばや用例を多数収録。付録も充実。学習やビジネスに威力を発揮。斬新なデザインと2色刷りで引き易い中国語辞典。……　四六判2120頁◎税込5500円（本体5000円）978-4-497-20312-0

中国語文法用例辞典
《現代漢語八百詞増訂本》日本語版

呂叔湘主編／牛島徳次・菱沼透監訳／本格的文法辞典として高い評価を受けている《現代漢語八百詞》増訂本を完訳。大幅な加筆修正を行い収録された語は全部で約1000語に。 … 四六判608頁◎税込5280円（本体4800円）978-4-497-20303-8

文章力をワンランク上げる
中国語接続詞用法辞典

剣重依子・木山愛莉・喬秦寧編著／接続詞200個を厳選。解説は簡潔にし例文を多く収録することで、実例からニュアンスや使い方をマスターできるようにしている。………………四六判480頁◎税込2970円（本体2700円）978-4-497-22306-7

動詞・形容詞から引く
中国語補語 用例20000

侯精一・徐枢・蔡文蘭著／田中信一・武永尚子・西槙光正編訳／常用の動詞・形容詞1072語を見出し語とし、補語との組み合わせを約2万例収録する。………………………A5判640頁◎税込2970円（本体2700円）978-4-497-21505-5

東方書店ホームページ〈中国・本の情報館〉https://www.toho-shoten.co.jp/

好評発売中
(価格 10% 税込)

新訂 標準中国語作文
模範解答・音声付き（MP3CD 付）

長谷川寛・張世国原著／中山時子監修／田芳校訂／伝説の名著復刊！ 練習問題
796 題にそれぞれ 3 種類の模範解答を付す。例題・解答の音声付き。
……………………… B5 判 208 頁◎税込 2970 円（本体 2700 円）978-4-497-21507-9

中国語作文のための短文練習
——中文造句［新装版］

中山時子・飯泉彰裕著／短文を作る "造句" にポイントを絞った「書く力」を身
につけるための 1 冊。全 40 課。ロングセラー新装版。
……………………… B5 判 248 頁◎税込 3300 円（本体 3000 円）978-4-497-22505-4

HSK5 級 読む聴く覚える1300
〔音声ダウンロード方式、チェックシート付き〕

田芳・安明姫著／HSK5 級要綱の新出語彙 1300 語を組み入れた短文 28 篇、長文
28 篇を収録。試験対策のほか、聴力、閲読のレベルを高めたい学習者にも有用。
……………………… A5 判 192 頁◎税込 2640 円（本体 2400 円）978-4-497-22211-4

HSK6 級 読む聴く覚える2500
〔音声ダウンロード方式、チェックシート付き〕

田芳・安明姫著／HSK6 級要綱の新出語彙 2500 語を 72 篇の文章に組み入れる。
単語、センテンス、本文の 3 ステップからなる文章を繰り返し読んで聴いて語彙
を身につけよう。… A5 判 320 頁◎税込 3300 円（本体 3000 円）978-4-497-22023-3

東方書店ホームページ〈中国・本の情報館〉https://www.toho-shoten.co.jp/

好評発売中
（価格 10％税込）

やさしくくわしい
中国語文法の基礎
改訂新版

守屋宏則・李軼倫著／充実した検索機能など、旧版の長所はそのままに、例文を全面的に見直し、解説もアップデート。例文には日本語訳とピンインを付す。

……………………… A5判380頁◎税込 2640 円（本体 2400 円）978-4-497-21918-3

つたわる中国語文法
前置詞・副詞・接続詞を総復習

林松濤著／空間・時間、受け手と対象など、虚詞（前置詞・副詞・接続詞）を意味ごとにまとめ、用法や使い分けをすっきり解説。つたわる例文も満載。

……………………… A5 判 376 頁◎税込 2640 円（本体 2400 円）978-4-497-21709-7

中国語 虎の巻
実力アップ 15 の秘伝 〔増補改訂版〕

彭飛著／榎本英雄監修／似た言葉の使い分け、日本語の漢字につられた言い間違いから "了""把" の使い方、新語まで、「中国語のツボ」を解説。例文にはピンインを付す。…… 四六判 304 頁◎税込 1650 円（本体 1500 円）978-4-497-21713-4

すらすらさくさく
中国語中級ドリル 1000

林松濤・謝辰著／すらすら訳してさくさく作文！ "是〜的" 文、"了"、呼応表現など、36 のポイントにしぼった和文中訳・中文和訳ドリル 1000 問。

……………………… A5 判 208 頁◎税込 1980 円（本体 1800 円）978-4-497-21901-5

東方書店ホームページ〈中国・本の情報館〉https://www.toho-shoten.co.jp/